CREANDO UTOPÍAS

Primera edición: Junio 2007
Segunda edición: Septiembre de 2013
Tercera edición: Octubre de 2023

© 2007-2023 Javier León Gómez

© Editorial Dharana
Camino de Zagán, 9
28694. Sierra Oeste de Madrid

editorial@dharana.org

ISBN: 978-84-935315-7-7
Depósito Legal: SE-2995-07

Diseño: Noumicon
Fotografía Portada: Mariella Briceño Machado

Impreso en papel reciclado 100% 

Impreso en España. Printed in Spain

WWW.EDITORIALDHARANA.COM
WWW.DHARANA.ORG

JAVIER LEÓN GÓMEZ

CREANDO UTOPÍAS

EL PAPEL DE LA REBELDÍA ANTE EL NUEVO ORDEN MUNDIAL

Tercera Edición Revisada y Ampliada

ÍNDICE

"Amigo, si tú y yo, escapando de esta batalla fuésemos capaces de vivir para siempre, eternos, inmortales, ni yo me batiría en primera fila ni te empujaría a luchar. Pero ahora, viendo que los espíritus de la muerte están miles cerca de nosotros, ningún hombre puede desviarse ni escaparse de ellos, así que vayamos y ganemos gloria para nosotros o proporcionémosla a otros".

(La Ilíada, XII, 322-8).

"A los esclavos de sí mismos".

PRÓLOGO

Conocí al autor mediante un mecanismo ya prácticamente desaparecido, salvo para colectivos más o menos marginales, esto es, por carta. Pero por carta de las de verdad, de las de antes, con sobre y sello, y nada de mensajeros modernos, sino utilizando a la anciana institución de Correos. Creo que su amigo Carlos leyó algo sobre mi humilde persona relativo a mi supuesta admiración por ciertos planteamientos budistas, lo cual, dicho sea de paso y sin mayor trascendencia, es cierto. Supongo que a ambos les pareció más que extraña semejante afición que, desde luego, desmadraba la imagen oficial dibujada por el Sistema, y, seguramente por ello, por su instinto de exploradores, se pusieron de acuerdo y, con la firma de Javier, se decidieron a escribir. Así que una carta clásica, y un modo nada típico de encontrarse dos desconocidos con la sombra de un tercero. Después a enviar la carta, lo que no era tan fácil, puesto que necesitan superar el temblor del pulso derivado de escribir la dirección a la que enviaban su documento: Centro Penitenciario de Alcalá Meco. Un medio de comunicación nada clásico, y una prisión, también clásica, de Alta Seguridad, que suena muy rotundo, muy del Sistema. Y en esa situación, leí la carta y la contesté. Todavía no tengo claro porqué lo hice en algo así como seis o siete folios, lo que más que una carta era una impertinencia existencial y literaria. Pero lo hice, y eso que en aquel lugar del encierro, en el Almacén de Ingresos y Libertades, no apetecía demasiado ponerse a escribir misivas tan extensas. Leer, meditar, pensar... Eso es otro asunto, y malo sería que para practicarlo te tuvieran que encerrar, pero escribir a desconocidos con cierta apertura de interioridades no es ni, como digo, apetecible, ni en mí, desde luego, usual. Pero así fue. Supongo que son muchas las ocasiones en que las cosas que importan, las que implican elecciones en los cruces de nuestros caminos vitales, suceden de manera poco habitual. Alguien dijo aquello de siempre sucede lo inesperado. La verdad es que en los primeros compases de mi sinfonía vital lo inesperado ha dirigido la orquesta. Tal vez sigue presidiendo la representación hasta que el telón caiga definitivamente.

Desde ese día comenzamos a escribirnos, como se decía antiguamente, largas misivas, profundas en ocasiones; en otras más livianas, con cortos espacios de silencio. Por algún rincón del disco duro de mi ordenador andarán preservadas. En todo caso, he preferido no echarlas un vistazo antes de ponerme a redactar este prólogo, no fuera a ser que el pasado del subconsciente condicionara el presente. Solo un apunte de interés sobre ese pasado: en la correspondencia que menciono se alberga el proceso que llevó al autor de este libro a dejar, con todas sus consecuencias, Cataluña para irse a otra parte. Incluso, si no recuerdo mal, comentamos por escrito los posibles destinos, y yo creo que en alguna de las mías -cartas, me refiero- se encuentra la sugerencia, por él apuntada, de que Andalucía sería el lugar adecuado. Por luz, sobre todo por la luz del Sur. Seguramente lo que refleja metafóricamente nuestra existencia es un transitar desde el Este al Oeste; del naciente, como dicen en el campo, al poniente, como le llaman en el mar.

Pero en todo caso esa trayectoria describe un arco que es más intenso -léase duradero- cuanto más se profundiza en el Sur. Es así como la luz del Sur atrae con más fuerza. Pero, compréndase bien: del Sur de cualquier Norte. Eso quiere decir que siempre que decidamos ir a otra parte deberemos asumir que esa *otra parte* solo es un producto de nuestra mente. Nada más. Si uno lee con atención este libro comprenderá el porqué esa otra parte no existe.

Creando Utopías relata algo de ese proceso. Lo de menos, evidentemente, consiste en el descenso geográfico, luz del Sur incluida. Lo que importa es el movimiento existencial, la aventura, el viaje interior que implicó; viaje que conforma buena parte de la temática de este libro que tiene en sus manos. Y en algún aspecto el grito albergado en las páginas creadas por Javier León es una prueba de que, al menos geográficamente, en gran medida esa "otra parte" carece de existencia real.

Lo que tiene en sus manos es una obra de aparente juventud, porque el autor nació en 1973, así que la afirmación puede ser una perogrullada. Pero no lo es. Ante todo porque algunas obras en las primeras juventudes de sus autores me han impactado sobremanera. Por ejemplo, *En las cimas de la desesperación*, del rumano Cioran, uno de mis autores favoritos. Cierto es que *Breviario de podredumbre* constituye, al menos para mí, la obra más lograda; pero la primera, escrita cuando contaba poco más de veinte años, tiene un valor extraordinario, porque, además de su calidad intrínseca, el factor que la motiva es de corte atractivo: Cioran se puso a confeccionarla como alternativa al suicidio. Afortunadamente funcionó y su libro salvó su vida, de manera que gracias al texto escrito no solo hemos disfrutado de su lectura, sino que, además, dispusimos de años de vida prolífica de un pensador excepcional. Otro ejemplo lo constituye *El espectro de la conciencia*, escrito por K. Wilber en 1.977, más o menos con la misma edad física que Cioran, y también, en mi opinión, el libro mas fresco de todos -que son muchos- los que he tenido la oportunidad de leer/estudiar del pensador americano.

Creando Utopías nació en la mente de Javier León, y hasta en el disco duro de su ordenador, cuando contaba todavía menos años que los que publican hoy sus documentos de identidad. En su estancia en las Tierras Altas de Escocia, y debido a los requerimientos de la Editorial Séneca, se puso a actualizar un poco -y ratifico que es un poco- el texto nacido años atrás. Así que en esencia preserva ese carácter de obra de juventud, aunque matizada por las experiencias vividas en los últimos años de existencia.

Y este libro es algo más que un lamento, porque aun cuando utiliza la palabra utopía, en el fondo es un grito, casi un aullido desesperado de quien reconoce -se reconoce a sí mismo- en el casi imposible trabajo de resistirse a la Estructura; no ya de violentar, sino meramente soportar, tratar de vivir de modo diferente en su seno. Y ello a pesar de decisiones dramáticas, como la de trasladarse con muebles y enseres -físicos, mentales y espirituales-, albergando la hoy fenecida esperanza de que en la Montaña de los Ángeles, en lo alto de la Sierra de Hornachuelos, el lugar, la geografía, la soledad y la autocomplacencia en la decisión tomada podrían provocar el efecto buscado. Pero no es así. Allí también vive la estructura. Allí también habita el Sistema. Y dado que la verdad es solo una experiencia, la vivida por Javier le permite concluir la crudeza de su aserto, de manera que se comprende que grite, que aúlle, en un grito y en un aullido al que nos sumaríamos con lamento quienes creemos que no desbarra demasiado, que no camina totalmente desencaminado, sino que las cosas, con mayor o menor énfasis literario, transitan por esos senderos en este momento singular de eso que llaman civilización occidental.

Y comprendo el aullido porque comparto una terrible conclusión: *"Decir no es decir no a la Estructura, pero sobre todo decir no a uno mismo, pues somos nosotros los verdaderos hacedores del orden establecido. La auténtica rebeldía es contra uno mismo"*. Se mire por donde se mire, se rebusque por donde se rebusque, la conclusión es que cada día es más evidente, más controvertible, más lacerante. De ahí que el grito se transforme en aullido.

Aparentemente Javier León quiere seguir un método racional y riguroso, un imperativo de los desordenes de lo intelectual, y se siente empeñado/obligado en formatear la Estructura, en diseccionarla, aun asumiendo y reconociendo que es más que los agregados de las partes en las que pudiéramos descomponerla. Aún así, como digo, diferencia Estructura Social, Estructura Temporal y Estructura Espacial. La limitación del espacio, el inadecuado manejo del tiempo y la colección de normas y subnormas, mejor sería decir, de elementos normativizadores del comportamiento individual/social, constituyen en este libro los pilares sobre los que edificar la Estructura, su noción y sus consecuencias medidas, como dice dramáticamente, en términos de libertad.

No merece la pena debatir la coherencia interna de ese modelo y si es o no completo. Javier León ya sabe que no lo es. No pretende ni una definición última ni una descomposición exhaustiva de la estructura. Si lo pretendiera, entonces su libro no sería un grito. Sería capaz de hacerlo, no me cabe la menor duda; pero creo que yo, al contrario, sería incapaz de consumir mi tiempo en leerlo, porque en muy poco se diferenciaría de cualquiera de esos tratados impulsados por la ortodoxia reinante en el intelecto de la Estructura que solo sirven para auto-complacencia de sus autores, para divertimento de sus agentes y para aburrimiento de quienes quieren ver mas allá de unas orejeras obligatorias; para quienes sienten que algo no funciona adecuadamente por mucho rigor aparente que se utilice en explicarnos los postulados del dogma imperante.

Y ocurre que lo que verdaderamente no funciona somos nosotros mismos. No somos esclavos de la Estructura, ni hijos adoptivos, ni siquiera Padres. Somos la Estructura. Javier grita contra el trabajo asalariado, contra la esclavitud de horarios, contra las normas de una ética de consumo farisaico, e, incluso, contra la propiedad privada, precisamente en un momento en el que hasta los chinos acaban de aprobar, tras muchos años de debate, una legislación que finalmente reconoce ese tipo de propiedad dentro de su todavía llamada República Popular.

No. El problema no habita en esas moradas. Ni en la propiedad privada, ni en la pública, ni en la moral católica ni en la protestante, ni en la alienación del trabajo por cuenta ajena, ni en el de autónomos o empresarios. El asunto se centra en nosotros mismos. Así somos. Así nos diseñamos, cada día, al margen de nuestras palabras, con nuestras conductas, con nuestros actos. No es la estructura la que dilapida los valores, Somos nosotros los que nos despeñamos.

Eckhart, el Maestro de los Místicos cristianos, fue condenado en los inicios del Siglo XIV por un papa de Avignon, Juan XII, en base a una supuesta herejía. Curiosamente unos seiscientos años más tarde se le rehabilitó; así que el tiempo es capaz, incluso, de corregir la adhesión o rechazo a un dogma supuestamente incorruptible. Bien, pues el Maestro escribió que "Dios me necesita para ser, porque si no fuera yo criatura no podría ser Dios. Mas aun digo: yo no necesito a Dios para ser yo, pero Dios me necesita a mí para ser Él". El pensamiento es profundo, aunque no comparto en su nivel metafísico superior la separación Dios/Criatura, pero no es discusión de este instante. Lo traigo a colación porque la Estructura necesita de Súbditos para ser tal. Con seres libres no podría florecer y menos fructificar. Somos nosotros, súbditos, los que la edificamos, la aupamos, la sostenemos y la alimentamos; incluso, la estimulamos. Lo peor es que ciertas malas conciencias, de vez en cuando, se sienten en la obligación de organizar revoluciones aparentemente impulsadas por supuestos ideales que no pasarían el control de calidad del subconsciente.

Javier León escribe: *"Todas las revoluciones han terminado por reproducir alguna estructura rígida y de rápida implantación en la Historia"*. Así es. A la vista está de quien quiera ver. Cioran fue mucho más terrible: *"Llevamos en nosotros un verdugo reticente, un criminal irrealizado. Con excepción de ciertos ejemplos, los hombres no son más que fantoches atiborrados de glóbulos rojos para prohijar la historia y sus muecas. Cada ideal alimentado en los comienzos con sangre de sus sectarios, se aja y desvanece cuando lo adopta la masa. He ahí la pila de agua bendita transformada en escupidero: el ritmo ineluctable del progreso"*. (*Breviario de podredumbre*)

Ni siquiera en las llamadas Comunidades Utópicas la vida puede discurrir sin aferrarse a alguna forma de estructura. Pero conviene saber que los humanos, en esta fase actual, solo sabemos diseñar una estructura: la que contemplamos, vivimos, sufrimos y criticamos a diario mientras nos plegamos a sus dictados. Insisto: la estructura somos nosotros; y lo somos, vayamos donde vayamos. Por eso afirmaba más atrás que la otra parte no existe más que como producto mental. *No es*, ni metafísica ni existencialmente.

Javier León busca un "espíritu" para su estructura. Yo puedo ofrecerle una solución experimentada: ese espíritu es el Poder, con mayúsculas o minúsculas, según quiera expresar más o menos respeto por el concepto y su realidad. Todo se reduce a un mecanismo de poder, y para ser todavía más preciso, a un diseño para conservar el poder alcanzado. El poder moldea el aparto normativo en su integridad, desde la superestructura Ética -por utilizar una expresión con claro abuso- hasta la Jurídica. Con ello define el tiempo y el espacio que preocupan al autor. Nada hay que no sea una manifestación del Poder. Nada.

Y el poder, la esencia del verdadero poder, consiste en algo muy concreto: el dominio del hombre sobre el hombre. Esto es lo que cuenta. Lo único importante. La propiedad privada, por ejemplo, no es causa, sino consecuencia de las relaciones de dominación hombre/hombre. El día en que un hombre se impuso sobre otro cercenando su libertad de pisar un determinado trozo de tierra, ese día nació la propiedad privada, que, por definición, consumió violencia, dado que la imposición siempre reclama fuerza.

El que actualmente se proteja por el Ordenamiento Jurídico no altera la conclusión, porque el Derecho es solo la versión moderna de la fuerza, esto es, del Poder. Así que conviene situar la discusión allí donde se encuentra: en el dominio del hombre sobre el hombre, el verdadero motor de la historia de la Humanidad.

Puede parecer curioso pero me resulta claro que cualquier intento de modificar la estructura, desde dentro o fuera, está llamado al fracaso. Es solo cuestión de tiempo. Así ha sucedido a lo largo de la historia con todas las revoluciones, de un corte u otro. Recuerdo una conversación que mantuve en

Moscú con alguien que ostentaba un puesto similar al que en nuestro país podría corresponder al Presidente del Instituto de Investigaciones Científicas o similar. Un científico, un hombre en principio alejado de la ideología, aunque, obviamente, implicado en el aparato del Partido Comunista. Mi estancia en aquellas tierras era debida a un curso que organizó la Universidad Complutense de Madrid con el objetivo, nada modesto por cierto, de ilustrar a los dirigentes soviéticos implicados en la reforma de Gorvachov en el mejor camino para conseguir una transición pacífica en su caminar hacia el "paraíso occidental". Casi al final de la cena y utilizando al intérprete, le pregunté qué sentía ahora, después de una vida dedicada al servicio de la ideología comunista, al contemplar y tener que colaborar en mostrar que todo cuanto había constituido su soporte vital se manifestaba como un sinsentido. No quiso mirarme una vez concluida la traducción del intérprete oficial. Inclinó el rostro sobre la mesa, trazó imaginarias figuras con la mano derecha sobre el mantel mientras en voz tenue dijo algo parecido a lo siguiente: -Me voy a mi pueblo. Allí hay iglesias. Podré dedicarme a beber como los antiguos cosacos.

El soporte ideológico de la estructura se desmoronaba antes sus ojos. La sensación del sinsentido invadía los últimos años de su existencia. Buscaba algo dotado de un valor permanente, algo que habitara fuera de la amarga habitación de la coyuntura. Y el hombre, comunista por ósmosis o por percusión, en ese instante se refugió en la noción de individuo, de miembro de una comunidad, de un pueblo, y se refirió a lo que consideraba de mayor permanencia, aunque solo fuera por su antigüedad: las iglesias y los cosacos.

Todos los comensales guardamos un respetuoso silencio ante una confesión que nos resultó demoledora. Al día siguiente, en el salón en el que se impartían las conferencias, el espíritu de aquel hombre, sus palabras postreras, flotaban en las mentes de quienes teníamos que hablar.

El problema no es la Estructura, sino el hombre. Mientras el hombre permanezca igual diseñará e implementará una Estructura que, analizada en su fondo, no se diferencia en sustancia entre las que nos ha mostrado la historia. Cierto que en ocasiones se alcanzan conquistas que parecen dramáticas, pero el tiempo, la acción del hombre a lo largo del tiempo, se encarga de demolerlas. *"La historia no es más que un desfile de falsos absolutos, una sucesión de templos elevados a pretextos"* (Cioran, *Breviario de podredumbre*).

Dos alternativas se nos presentan: una sería asistir, continuar asistiendo al espectáculo de la descomposición. Una vez en la Historia, otra, quizás la última al decir de algunos que comienzan a visualizar signos de Apocalipsis en el horizonte. Ciertamente una civilización que despeña sus valores y se instala en lo conveniente, un modelo de convivencia fermentado sobre el amancebamiento con la ignorancia y el miedo, un puñado de individuos felices en la renuncia a su propia dignidad, a su verdadera individualidad, no puede durar. No va a durar. Pero quizás nos encontremos ante un paréntesis más de nuestra trayectoria sobre la tierra y conscientes del ciclo de nacimientos y muertes, debemos sentarnos a esperar el Kali Yuga pronosticado por la Ciencia Primordial.

O quizás no. Tal vez merezca la pena creer como la doctrina budista que es posible extirpar el sufrimiento erradicando la ignorancia. Quizás, como quiere sugerir el autor, necesitemos seguir, a pesar de todos los pesares, que son muchos pesares, creando y consumiendo utopías. Pues cambiemos al hombre. Intentémoslo al menos. No renunciemos al valor de la dignidad.

La tarea es hercúlea. Apliquemos el pensamiento sufí: "vivir en este mundo, sin ser de este mundo". Y para ello debemos confeccionar *un mundo al lado*, edificado con los valores de siempre, ajeno al proceso de descomposición y trabajando con la finalidad de cortocircuitarlo; un mundo distinto en el que se pueda vivir en otro plano de conciencia. No reclama ni nuevos territorios, ni nuevos manejos del tiempo. Es solo cuestión de conciencia, de situar al pensamiento en su lugar exacto, al racionalismo allí donde fue concebido. Claro que un mundo así nos es concebible al margen del espíritu, y no precisamente el de la Estructura. El problema consiste en que su negación se ha convertido en dogma de la llamada verdadera ciencia. Pero los buscadores de la materia, de la pieza indivisible de la materia que compone el cosmos, no han conseguido encontrarla.

Cuanto más profundizan más se encuentran con un vacío. La base Bhom. El Fondo de Eckhart. Y es que la llamada Nada científica es Algo, y más que algo, es seguramente Mucho. Por eso existe base para la Utopía. Algunos ya trabajan en ella desde hace mucho tiempo, tanto como el propio pensamiento, tanto como el lenguaje.

M. C.

PREFACIO
A LA PRIMERA EDICIÓN

¿Cómo acabar con lo tópico? Creando utopías, construyendo utopías. No solo utopías individuales, sino también colectivas. Llenar los espacios comunes de espacios no comunes, los lugares viejos y rancios de no-lugares, es decir, llenar de ideas esos terrenos soñados aún por explorar y descubrir.

La Montaña de los Ángeles es uno de esos lugares. Cuando llegué hasta allí lo hice exhausto, cansado del tedio urbano, el hacinamiento, las prisas, las modas, las pantallas de ordenador y la hipnosis televisiva, el asfalto interminable, esa costra incrustada en una madre tierra que grita de angustia insoportable. Pobre *Pacha Mama*, pobre *Gaia*, pensaba. Venía a esta tierra virgen cansado del polvo, del hollín negro que se incrustaba en las narices, pero, sobre todo, de esa ensoñación colectiva de la cual resultaba casi imposible escapar, de ese tópico diario, de ese hastío insoportable.

Así que la Montaña de los Ángeles se perfiló como mi propia utopía. Solo se me ocurrió llegar a ella desde la rebeldía, desde la ruptura de todos mis ciclos, de todo mi tiempo, de todo mi orden e, incluso, de mi espacio vital, conocido y seguro. Quise romper con todo y lo hice. Abandoné trabajo, casa y cualquier vínculo que tuviera que ver con ese *status quo* propio de peces muertos arrastrados por una corriente insoportable, o de zombis y parientes cercanos de ese clan de muertos vivientes al que yo mismo pertenecía. Busqué en el mapa un lugar tranquilo, un pueblo de poca gente, con caminos de tierra y senderos de agua, donde la prisa no existiera, el espacio pareciera infinito y el tiempo tuviera otra dimensión diferente. Un Nuevo Orden en mi vida que consumiera luz, y no tiempo, que bebiera de espacios abiertos y provocara alegría a cada instante.

Y así fue como llegué a la Montaña. No tardé mucho en adaptarme a este nuevo ritmo de vida, a este aparente nuevo orden. Las gentes se paraban en la calle para conversar de cualquier cosa, los horarios eran distintos o simplemente no existían. Había vida en cada paseo, conversación, sentido de comunidad, luz, mucha luz. La individualidad era un pretexto más, pero no una condición imprescindible. Incluso el espacio era diferente. La sensación de amplitud, de poder mirar hacia el campo, el valle, la campiña, las montañas y no encontrar ningún obstáculo más que el vuelo mañanero de algún pájaro o el sonido de los ciervos anunciando el celo. La luz, intensa y refrescante, tenía color y sabor, olor penetrante. Podías mirar frente a ti y ver cielo.

No había problemas de identidades colectivas, bastaba la identidad propia. Eso me aliviaba. Sobre todo en un mundo donde al parecer el Espacio está organizado según la dominación de unos sobre otros, de unas identidades sobre otras. Y yo quería un espacio libre, donde poder caminar hacia cualquier parte sin dar explicación sobre mis posturas partidistas, sobre mis verdaderas ideas acerca de uno u otro asunto. Quería ser invisible para que fluyera la vida, y no la identidad, la promesa, y no el hastío, el verbo, y no la palabra. En definitiva, quería ser gerundio, en movimiento constante, y no un moribundo social eclipsado por las apatías y dialectos coyunturales.

Pero algo ocurrió con el paso del tiempo, con el consumo del tiempo. Pronto noté, de forma espantosa, que de nuevo empezaba a reproducir lo que tanto odiaba y detestaba. Comencé a consumir tiempo, y no luz, espacios, y no caminos, orden, y no movimiento. El trabajo, si bien de otra calidad, absorbía de nuevo todo mi día, dedicando lo imprescindible a lo que de verdadero buscaba en esta tierra.

Una tarde, paré la máquina y pensé en lo que estaba ocurriendo. Empecé a andar y, siguiendo la ruta del Águila, acabé en un paraje inhóspito, de una belleza inigualable, en un valle frondoso al que nunca había accedido. Pensé en todo lo que había pasado en apenas un año y sentí espantado con qué facilidad me estaba dejando llevar de nuevo por la inercia de algo superior a mí, de algo que no lograba controlar, de algo con lo cual no contaba y que traía conmigo. ¿Qué me estaba ocurriendo? ¿Qué cosa era aquella que no me dejaba escapar de mi destino humano? ¿Existía alguna escapatoria? ¿Sería posible ser verdaderamente libre de esa malla invisible dentro de los límites de mi propia libertad? No entendía lo que ocurría. Había sido un buen rebelde, había roto con todo, incluso había cambiado de espacio y de tiempo, de orden. Todo había sido removido. Todo había sido cambiado y agitado con fuerza. Pero todo había sido en vano.

La Montaña de los Ángeles es famosa por ser un lugar de tradición eremítica. Allí vive José, el último ermitaño de una saga que se pierde en la oscuridad de los tiempos. Él afirma que la única rebeldía posible es la mística. El camino del espíritu, como él lo llama, es lo único que tiene verdadero sentido para lo humano. Esa, y no otra, es su única y verdadera rebeldía posible. Mientras hablaba, me gustaba observarlo en la sencillez de su vida. Sin prisas, sin pantallas de ordenador, sin televisión, vivía una vida plena entregada a una causa a priori extraña, diferente. Sin duda, en los engranajes de la

Estructura, algo había fallado, porque un individuo, aislado del mundo y sus estímulos, había escapado de la rueda en la que yo y todos los de mi calaña estamos imbuidos. *"Vivimos en un mundo terriblemente oscuro, por eso los humanos necesitamos luz, para guiarnos en esa oscuridad"*, solía decir.

Mientras pensaba en las palabras del ermitaño, me preguntaba en todo momento qué tenía que pasar para que pudiéramos escapar de igual forma a ese terrible ensueño sin que la Estructura se apoderara de por vida de nuestras existencias. Cogí la mochila y me marché a la búsqueda de sentido. Pensé que en algún sitio, en algún lugar, hallaría algún tipo de respuesta. Siguiendo los consejos del ermitaño visité monasterios, eremitorios, comunidades utópicas, ecoaldeas, comunas y demás laboratorios sociales que pretendían un mundo mejor, una vida diferente. Lugares donde la gente se retira a la búsqueda de un nuevo sentido, de una nueva realidad. Incluso seguí a unos amigos hasta Mongolia, al desierto del Gobi, pensando que allí encontraría la ciudad celestial, la *Shamballa* prometida. Pensé que, siguiendo y observando esas muestras de significante diferencia, podría encontrar mi propio sentido, mi propia luz. Como buen antropólogo, deseché la idea de la conquista del otro, pero abracé la condición por la cual el otro tiene sentido.

Y así, de tanto navegar, se nos acabaron los mares, y me apeé en un puerto tranquilo de la lejana Escocia, donde pensar en todo lo sucedido. De esta manera, nacieron estas palabras, este pequeño ensayo como reflexión en voz alta sobre todo este proceso, y quizás también como una forma de sacudida -ridícula, pero eficaz- con la que superar la terrible sensación de servidumbre y esclavitud hacia lo que aquí he dado por llamar Estructura y otros llaman, a veces de forma confusa y aleatoria, Sistema.

En este puerto, frente al mar del Norte, miro por la ventana y veo la bahía de Findhorn desde esta casa de hospedajes que llaman la *Rainbow Lodge*. Anja, un ángel de otro mundo, me ha dado un interminable abrazo antes de marcharse. Es su forma de decir buenas noches, una forma especial, diferente. No hablamos el mismo idioma pero nos entendemos por gestos, miradas y sonrisas. Quizás los idiomas también formen parte de la Estructura, y la verdadera rebeldía resulte ser como el abrazo de Anja: sincero, silencioso, amable, atrevido.

Llevo aquí unos meses sorteando el frío casi antártico y los horarios y disciplinas propias de esta tierra. En las *Highlands*, las Tierras Altas de Escocia, hundo mis carnes en la hermosura de la vida simple hacia la búsqueda del sentido humano de la existencia. Añoro la Montaña, y las conversaciones con el ermitaño mientras me interrogo sobre la esclavitud, el Camino, el Propósito y la rebeldía.

Bahía de Findhorn, Escocia. Marzo de 2007.

PREFACIO
A LA SEGUNDA EDICIÓN
LA DIFICULTAD DE SER LIBRES

"Recordad, no creáis nada porque yo lo haya dicho. Nunca creáis nada a no ser que lo hayáis experimentado".
Buda

Seis años después he vuelto a la plácida Bahía de Findhorn para actualizar esta segunda edición utópica. Desde entonces han pasado muchas cosas. Al poco tiempo de abandonar Escocia me marché a vivir a Alemania donde seguí viajando buscando utopías para mi tesis doctoral. Estando allí explotó la crisis financiera del 2008 que aún dura hasta nuestros días. Cuanto más intentaba escapar de la misma más nos estrangulaban por todas partes y más, ya no solo como persona sino como colectivo, sentíamos la caída de una estructura caduca y añeja. Este libro, en cierta forma fue premonitorio de algo que se avecinaba.

Pero ocurrieron cosas que me atraparon de nuevo a la Estructura, además de forma alarmante y aún con mayor virulencia. Construí una gran casa que años más tarde perdí, terminé viviendo en una embajada junto a mi compañera, diplomática y embajadora, hice negocios con banqueros y personas totalmente arraigadas al Sistema y viví una vida cómoda y palaciega en lugares de difícil imaginación.

¿Qué había ocurrido en estos años? Las imposiciones exteriores nos convierten en siervos, en esclavos, en personas rígidas y definidas. O quizás fuera la lejanía hacia el sentido interior, el olvido de nuestro centro primordial. Mientras todo esto ocurría recordaba las escenas de Jesús, cuando, látigo en mano, expulsaba a los cambistas y comerciantes del templo de Jerusalem. Siempre pensé que lo hacía por amor, desde el amor que otorga el estar despierto a una mayor consciencia o a una plenitud diferente. El mismo acto realizado por un ser egoísta carece de virtud. Pero hecho por alguien de la talla de un despierto, no puede ser un acto viciado ni inmoral ni violento. Jesús actúa drásticamente para provocar un cambio en las consciencias, para agitar a las masas dormidas, para hacer temblar las estructuras caducas. Pretende avisarnos sobre la libertad y por ello se comporta como un auténtico *sannyasin*, una persona lúcida y constantemente alerta, un ser que ha renunciado a la ilusión de la existencia y por lo tanto es completamente libre.

Por eso sentí que me había distraído y alejado de mi propósito, y por eso, por un momento que ha durado algunos años, me alejé inevitablemente de ese original sentido de libertad. Ser libre no significa crear un modelo diferente al existente. No significa crear una nueva estructura. Significa estar fuera del modelo, fuera de la estructura. No significa ser un revolucionario, sino ser un rebelde constante, un ser líquido, fluido. Alguien capaz de renunciar a todo cuanto existe con tal de estar presente en su centro vital, en su ser completo.

Durante muchos siglos en India estaba prohibido que la casta de los Intocables pudiera entrar en los templos. Gandhi luchó toda su vida para que esto no ocurriera y los Intocables pudieran acceder a los mismos. Cuando se le preguntó a Krishnamurti sobre este hecho, contestó: *"¿Y para qué quieren los Intocables entrar a los templos? Dios no está en los templos*". La visión de Gandhi es revolucionaria, desea poder cambiar la estructura pero sin salir de ella. En cambio, Krishnamurti da una visión diferente, sale de la lógica y de la estructura y ofrece por lo tanto una respuesta que rompe con la razón.

Un ser libre es un ser creador, pero impredecible. Por su propia naturaleza, por guiarse únicamente por su interior y no por las aberraciones exteriores, es totalmente impredecible. Vive en una constante rebelión creativa. Ha renunciado a su pasado y por lo tanto carece de carácter, viviendo una vida sencilla, de juego constante, de alegría, sin prisión. Carece de hábitos, condicionamientos, viejas experiencias o creencias que atrapen su caminar, reinventando cada instante en interminable acto creativo.

Pero resulta una gran responsabilidad ser libre, o pretenderlo, porque careces de apoyos pasados para poder sostener tu peregrinar, y sin embargo, estás completamente abierto a la experiencia. No tienes nada en que apoyarte excepto tu propio ser, tu conducta y consciencia, en la propia dignidad, en cada instante como experiencia única e irrepetible. Además, nunca, nunca, nunca puede ser predecido, ordenado o planificado. Ser libres, al fin y al cabo es ser dignos, llenar nuestras vidas de luz y esplendor y vivir la experiencia del instante único sin atadura, sin condicionantes, sin exigencias y siempre desde un agudo sentido del humor. Ser libres es estar aquí, y ahora, sonrientes ante un *carpe diem* o un *wu wei* eterno. Eso es permitir que la vida actúe, que la vida se muestre y que nos ofrezca sus regalos. En las cosas sencillas, en lo espontaneo, en la naturalidad está la fortaleza del instante que se abre para mostrarnos sus dádivas.

Un ser libre escucha todo cuanto le rodea desde ese estado meditativo, de esa *ataraxia* que se consigue desde la soledad o la alegría del compartir. Eso no significa estar solo, sino simplemente el ser feliz en esa condición, escuchando, aprendiendo, compartiendo. Empieza por su propio organismo, por su propia sexualidad, por su propia compañía. Cuando tiene hambre, come, cuando tiene sed, bebe. Pero nunca fuerza nada. Cuando ama, lo hace con pasión y cuando deja de amar, se muestra franco y honesto. Lo mismo ocurre con las parejas o con la amistad o con la familia. Siempre actúa francamente, sin ocultar nada de lo que siente por unos y por otros, alejándose del chantaje, la máscara, el disimulo o el fingir.

Ser libre es amar, es decir, relacionarnos con todo cuanto existe desde el respeto y la compasión, y esto solo es posible cuando hemos aprendido a estar solos, cuando hemos conseguido penetrar en la profundidad de nosotros mismos para convertirnos en uno con el todo. Se está bien en la Bahía de Findhorn. Aquí estamos preparando un nuevo salto a la libertad. Un salto pragmático y sencillo, humilde y silencioso. Una gigantesca prueba que pretende demostrar que otro mundo es posible, pero desde el trabajo, desde el esfuerzo y la pasión por hacer de este mundo bueno, un mundo mejor.

José el ermitaño sigue en su retiro. La Montaña pasó de ser un referente geográfico del Mediodía para trasladarse al Septentrión. Lo que empezó siendo una utopía ilusa ahora parece que podrá materializarse. De nuevo estamos en ese punto de retorno donde todo es posible y donde todo puede enmarcar un nuevo sentido. "Creando Utopías" se convirtió en un libro diferente que siguió sus pasos en un blog con el mismo nombre desde donde se intenta perseguir la rebeldía inevitable. Todo fluye de nuevo para alcanzar el reto. Sigamos las pistas que aquí se muestran.

Bahía de Findhorn, Escocia. Julio de 2013.

CAPÍTULO 1
EL ANTIGUO ORDEN.
ESCLAVITUD Y SERVIDUMBRE EN
LA SOCIEDAD NARCOTIZADA

"Creo de todo corazón en el lema "El mejor gobierno es el que menos gobierna", y me gustaría verlo hacerse efectivo más rápida y sistemáticamente. Llevado a cabo, finalmente resulta en algo en lo que también creo: "El mejor gobierno es el que no tiene que gobernar en absoluto". Y cuando los pueblos estén preparados para ello, ése será el tipo de gobierno que tengan". Thoreau

Los ingenieros del Estado lo vieron claro. Quitemos los grilletes, demos algunos derechos a los trabajadores, quizás treinta días de descanso al año, alguna paga extra en Navidad y un poco de educación y sanidad para que la esclavitud del trabajo les haga algo más aparentemente libres. Algo de dinero logrará envilecerlos en el consumo y el pensamiento cero.

Para evitar cualquier fuga, cualquier inquietud diferente, cualquier pensamiento invasor, nos drogaron con fútbol, con alcohol, con sexo y televisión. Crearon una sociedad narcotizada basada en la idolatría de los nuevos dioses y en la perfecta idiotez de los nuevos súbditos. El mundo de los tenderos se expandió con un solo objetivo: consumir, gastar, dilapidar y derrochar en cosas inútiles.

Así consiguieron trabajadores sanos y educados que en vez de morir a los cuarenta por inanición podrían superar los sesenta o setenta sin problemas trabajando a destajo sobre aquellas cosas que ellos mismos consumían. Una edad ideal para jubilarlos y morir en paz inmediatamente.

Añadieron el ingrediente y el contenido emocional de la patria y la nación para aglomerar en un mismo sentimiento ilusorio cualquier atisbo de rebeldía. La patria eliminó al pueblo, a la comunidad, y se convirtió en la entelequia por la que vivimos, nos movemos y tenemos nuestro ser. Pero también añadió la máscara perfecta para gobernar nuestras vidas: la propiedad privada acompañada de una interminable hipoteca que hay que pagar en módicos plazos durante... ¡el resto de nuestras vidas! Sin duda, la esclavitud perfecta, esta vez, con grilletes intangibles.

Con esta idea se consiguió la conocida paz social. Un complejo y macabro estímulo que permitiría amasar las conciencias en nombre del orden y el progreso. La dádiva con la que mecían la cuna era y es el mantra del "crecimiento". Hay que crecer, hasta el infinito y más allá, por todas las tierras (colonialismo) y por todos los espacios estelares (carrera espacial). Ese es el virus macabro que Leviatán nos inyectó: la expansión, el crecimiento, el egoísmo irracional, la territorialidad. En su macabra inversión nacen los nacionalismos, hijos bastardos del mismísimo Leviatán que pretenden emular a su padre.

Por suerte Lucifer cayó del cielo con un mensaje claro: *"ustedes son libres e inteligentes, y tienen capacidad de pensar y de decidir, de emanciparse de todo yugo bajo la batuta de su consciencia"*. Fue ahí cuando llegaron nuestros problemas, porque al rebelarnos al orden establecido cabía la posibilidad, como bien ocurrió, de que nos expulsaran del paraíso de la ignorancia y la servidumbre. Y eso, como le ocurrió a Epicuro, hace que nos refugiemos en la comunidad lúcida y

despierta, en la *ataraxia* posible, en ese *Jardín* idílico
que el filósofo fundó a las afueras de la gran ciudad
para recrear el amor al campo y la sencillez de la
vida plena, amable y tranquila.

Pero Leviatán fue aún más inteligente y con-
solidó un conocido y pragmático paraíso en la
tierra basado en la tenencia ilícita de las aguas, de
las tierras, del cielo y de los aires. A eso lo llamó
primero reinos y luego estados y luego propiedad
privada, y esa idea fue la causa de todos los ma-
les. Su agudeza fue tal que logró confundir a los
que aún parecían pensantes, señalando a Lucifer,
el portador de luz, como al auténtico enemigo. Los
lugares y las cosas dejaron de usarse y pasaron a ser
poseídos. Se rompió el equilibrio natural del círculo
y empezaron a crearse las pirámides, las jerarquías,
los privilegios de unos sobre otros, la estructura.

Y fue así como poco a poco Leviatán se apo-
deró de los mensajes, de sus contenidos. Primero
creó grandes instituciones como la Iglesia gracias
a la vanidad de los poderosos. Grandes templos y
grandes partidos políticos donde aglutinar el egoísmo y la competencia, secuestrando con ello las
ideas y relegándolas a lo anecdótico. Creó instituciones que confiscaban cualquier tipo de libertad y
creó la ciencia como abanderada de la única y posible verdad. Las iglesias hablaban del mensaje de
amor pero sin saber su significado. En las escuelas
pasaban rápidamente por el capítulo de la revolución francesa porque el temario de la libertad, la
fraternidad y la igualdad no era digno de estudio.
La sanidad olvidó la curación y se centró en la enfermedad como vía de enriquecimiento. Y luego el
ejército robó vidas y secuestró tierras y poseyó al
ser humano de la legitimidad para vencer cualquier
promesa: la violencia organizada y la coerción en
manos de unos pocos.

Desde la más remota antigüedad algunos lúcidos nos advertían con sus ideas. Platón abanderó su "comunismo platónico" advirtiéndonos de la corrupción de los poderosos. Pero no fue suficiente. Miles de años más tarde seguimos padeciendo sus miserias. Se secuestró la libertad de pensamiento y la libertad de movimiento y creó la más terrible de las armas: la normalidad, lo común y lo esencialmente sistematizado. Y fue así como Leviatán, disfrazado e invisible, creó la compleja maquinaria en la que estamos envueltos.

Y por eso ahora, en los tiempos que corren, nace la pregunta que a todo ser humano libre le asfixia por dentro: ¿cómo defendernos de Leviatán? La magia del espíritu libre murió, fue enterrada o quemada en la hoguera en tiempos pasados. Pero ahora un frondoso laurel renace con fuerza ante el inevitable y poderoso despertar de la ardiente llama, de esa que se apodera de lo sutil de la música, del arte, del amor, la literatura, la ciencia creativa, el apoyo mutuo y la cooperación y que nos empuja a visionar desde su luz un mundo nuevo y diferente, un mundo basado en las experiencias y no en las cosas, en el compartir y no en el dominar. Una nueva ilustración nacerá bajo la atenta mirada de una nueva cultura ética.

CAPÍTULO 2
EL NUEVO ORDEN

"Yo no sé muchas cosas, es verdad. Digo tan solo lo que he visto. Y he visto: que la cuna del hombre la mecen con cuentos, que los gritos de angustia del hombre los ahogan con cuentos, que el llanto del hombre lo taponan con cuentos, y que el miedo del hombre... ha inventado los cuentos. Yo sé muy pocas cosas, es verdad, pero me han dormido con todos los cuentos... ¡cuentos!... ¡cuentos!... ¡cuentos!... Es aquel viejo vendedor de sombras y de risas que ahora pregona cuentos. Pero yo no quiero cuentos... No me contéis más cuentos". León Felipe

En 1884, el reverendo Edwin Abott escribió un pequeño libro, un cuento, que llamó Flatland (País Plano), en el cual describía un mundo de tan solo dos dimensiones, una superficie plana donde coexistían seres de diversas formas geométricas incapaces de ver más allá de su realidad bidimensional. Todo parecía normal hasta que un día, uno de sus habitantes, un cuadrado, tuvo una visión increíble, diferente, anormal. Recibió la visita de un ser tridimensional, una esfera. Pero cuando el objeto penetró en el país de Flatland, solo pudo percibir su sección transversal, es decir, un círculo. El visitante, no satisfecho con su visita, le abrió los ojos al cuadrado para que pudiera ver el mundo tridimensional. Cuando el cuadrado explicó todo lo que había visto nadie quiso creerlo y lo tomaron por loco, encerrándolo en la cárcel. Este libro ya planteaba de forma satírica las limitaciones de nuestra percepción cotidiana, y de cómo la Estructura reacciona ante una percepción diferente, ante una visión de las cosas que no está acorde con la norma o la normalidad.

Nosotros, seres de visión tridimensional, vivimos sujetos a un mundo multidimensional del cual solo percibimos esa realidad a la que estamos acostumbrados. El universo está envuelto en un proceso del cual no somos partícipes, porque nuestra individualidad está totalmente enclaustrada en nuestra particular Estructura. Es como se mostraba en la alegoría platónica: los condenados están acostumbrados a las sombras y tienen miedo a salir de esa percepción habitual y adentrarse en la luz. Llegamos a creer que no hay más realidad que la percibida desde la concavidad oscura. Cualquier atisbo de sombra nos provoca miedo, y la luz, la lucidez, siempre resulta ser producto de nuestra imaginación, o a lo máxime, de la gestión de nuestra locura, una sección transversal de nuestra realidad.

Existen diferentes Estructuras que dominan nuestra esfera de actuación y que determinan toda nuestra existencia diaria, toda nuestra oscuridad diaria, toda nuestra limitada percepción. De todas ellas, quiero centrarme en tres que, a priori, me llaman la atención por su fuerza y, sobre todo, por su sutileza. Hablamos de: a) la *Estructura Social*, que responde a un Orden Social establecido pero cambiante y que parcela en todo momento nuestra libertad individual; b) la *Estructura Espacial*, determinada por la tierra y el sentido de apego e identidad hacia la parcelación y posesión de la misma; y, por último, c) la *Estructura Temporal*, centrada en todo lo relativo al tiempo, y, sobre todo, a aquello que lo consume, es decir, a su organización en el trabajo, el ocio y el tiempo libre.

Entendemos Estructura Social como Orden Social establecido y de cómo ese Orden es articulado y reproducido en las diferentes capas sociales y psicológicas del ser humano, especialmente para mantenerse impoluto y perpetuarse en el tiempo y en el espacio.

Mario, un viejo amigo que ha saboreado todas las formas y contenidos de la Estructura, prefiere llamarla Sistema: *"yo concentro la noción de Sistema en una manera de organizar el poder dentro de la sociedad para conseguir la propia perpetuidad del poder organizado, lo que pasa indefectiblemente por transitar desde ciudadanos -suponiendo que hubieran existido- a súbditos, y eso ha de conseguirse sin que se den demasiada cuenta, para lo cual el recurso a las palabras y a la adoctrinación se convierte en mecanismo imprescindible"*. Más adelante, prosigue diciendo: *"cuando el poder descubrió la adoctrinación se convirtió en sistema. Por ello en la trilogía definida en su día en el Sistema encuentras poder político, financiero y mediático como instrumentos al servicio de la dominación, esencial al concepto de Sistema"*.

Todo nombre, al fin y al cabo, resulta indiferente, porque la idea sigue siendo la misma: una especie de magma invisible que nos atrapa e hipnotiza sin posibilidad aparente de escapar a su hechizo. Los hinduistas lo llaman Maya, pero también podríamos llamarlo sociedad, cultura o *geist*, siguiendo las tesis hegelianas. Lo importante es que existe y lo experimentamos, aunque no todos somos conscientes de su importancia. Ni nos interesa serlo, básicamente porque el cuestionar su funcionamiento y el procedimiento de nuestra necesidad, produce un vértigo infranqueable y, como resultado, unas consecuencias insoportables.

Nuestro Orden Social presente es conocido también como Nuevo Orden Mundial. Está determinado por unas circunstancias históricas y unas normas que regulan tales hechos. Este ordenamiento uniforma las diferencias que innatamente corresponden al ser humano y que a lo largo de toda su historia ha mantenido en constante tensión las fuerzas de cohesión e inconsistencia que se han forjado en todas direcciones. El ser humano ha racionalizado sus diferencias y las ha ordenado en diferentes estratos según las características que puedan mencionarse, ya sea por motivo de edad, de género, de clase, de raza, de formación, de posesión material, etc.

La evolución de esta tendencia se ha establecido en torno a la ordenación de la vida privada y la posesión de la propiedad en continuo contraste con los lugares comunes y los ámbitos que afectan a todos por igual. Este proceso creó una gran desigualdad de la que ya Rousseau se cuestionaba con una pregunta que hacía alusión a la inscripción del templo de Delfos: *"¿cómo conocer el origen de la desigualdad entre los hombres si no se empieza por conocer a los hombres mismos?"* Este conocimiento no es posible sin penetrar en el ser humano y su lucidez, en un estado radical de consciencia.

Al hablar de Estructura Social nos referimos a un todo que algunos, según la visión, podrán entenderlo como un todo absoluto o simplemente como la suma de sus partes. Articulación, compenetración funcional o, incluso, solidaridad, serán vocablos recurrentes a la hora de describir la Estructura Social, pero también adoctrinamiento, alineación y explotación. La idea de un conjunto o grupos de sistemas interfiere ante la perspectiva de una realidad compuesta de miembros. La Gestalt decía eso tan famoso de que *"la Estructura es más que la suma de las partes"*, o lo que es lo mismo, *"el sistema de acciones es más que el agregado"*.

Para algunos, lo grave sería entender la Estructura como un todo holístico en el que se pierda la noción de relación entre sus elementos, absorbiendo inclusive a aquellos que rechazan la Estructura y sus formas. Como nos dice Ferrater Mora en un artículo dedicado a la Estructura, *"las Estructuras son inaccesibles a la observación y a descripciones observacionales. Por otro lado, no son resultados de ninguna inducción generalizadora. Por este motivo se ha alegado a veces que, propiamente hablando, no hay Estructuras. En alguna medida, no las hay, por lo menos en el sentido en que hay objetos o propiedades de objetos. Las Estructuras no son, por tanto, equiparables a realidades últimas, de carácter metafísico. Son, metodológicamente hablando, principio de explicación, y, antológicamente hablando, formas según las cuales se articulan las realidades"*.

Ese es precisamente el rasgo que caracteriza a la Estructura Social, su invisibilidad, su aparente inexistencia en pro a un Nuevo Orden establecido que todo lo gobierna desde una transparente e inaccesible pantalla universal. Esa sutileza la hace peligrosa e inaccesible, de ahí la necesidad de argumentarla, describirla, analizarla, interpretarla y destruirla en nuestros códigos personales, en nuestra memoria colectiva, en nuestro acervo mental.

Es lo que vamos a intentar describir en las próximas líneas. Convertirnos en un Prometeo para traer luz al mundo, lucidez. Atraeremos la atención sobre la desnudez de dicha estructura y así comprender como funcionan sus ramajes externos e internos. Veremos como la usura y el egoísmo han permitido crear un sistema perfecto nacido de nuestra propia condición interior. Un sistema que promueve la explotación, la servidumbre y la esclavitud encubierta para satisfacer una estructura interior caduca y que, necesariamente, requiere de una profunda revisión.

CAPÍTULO 3
EL PANOPTICÓN

"Creo en la libertad del hombre, y cualquier sistema que ponga en peligro ese derecho es enemigo mío. La libertad no es un lugar ni un estado de ser; es un camino, un camino que no tiene fin. Se está andando en él o se está fuera de él".
Abe Osheroff.

En su mayoría, estamos fuera de ese camino, tal y como lo describe Osheroff, porque caminar en él es costoso, y lo humano mide el coste de sus empresas en función del beneficio, y no de la satisfacción de la perdida, a cambio de la experiencia misma. De ahí que el Sistema, la Estructura, tenga pocos enemigos, excepto el pobre Osheroff y José, el ermitaño. Sin embargo, encontramos una particular clave en su frase: la libertad no es un lugar, es decir, la libertad es un no-lugar, una utopía. No es un estado de ser, esto es, una conexión infinita, más allá de todo tiempo, con lo más elevado de nuestro espíritu. Es, en cambio, un camino sin fin, un caminando constante, siguiendo con el gerundio, un ahora infinito.

Si vivimos inmersos en esa realidad totalizante, inaccesible, llamada Estructura Social, debemos razonar hasta qué punto su Orden establecido choca frontalmente con nuestra necesidad de libertad individual, con nuestra empresa de caminantes. La frontera que separa esa delgada línea entre nuestra capacidad de reacción y nuestra capacidad de aceptación sumisa y silenciosa, debe refrendarse ante la posibilidad de una cada vez mayor porción de libertad. Por lo tanto, es justo enfrentar la posibilidad del Orden Social sujeto a la posibilidad de la libertad individual.

Pero nuestra capacidad de visión es reducida precisamente debido al propio mecanismo del Orden establecido. Vivimos en una especie de panóptico desde donde miramos toda nuestra realidad, la cual, siempre, es limitada. Fingimos ver más allá de las cuatro paredes en las que vivimos y tenemos nuestro ser pero, en verdad, nuestra libertad de acción está tan determinada que, por más que quisiéramos, el único anhelo que nos queda para salir de nuestra cuadratura son los viajes estivales a la playa de turno o las pobres y cada vez más menguantes escapadas de fin de semana. Incluso esas escapadas resultan ser productos de cierto orden, dejando un mínimo espacio para la improvisación. El movimiento que producen es tan solo externo y nunca interior, lugar donde se cuece realmente el sentido de libertad y la aproximación tangible a la Estructura que nos oprime.

En todos los tiempos han existido movimientos y herejías que han apostado por cierta rebelión, por cierto caminar diferente y provocador. De los últimos que nos llegaron, sobre todo en los agitados años sesenta, estaban el movimiento *beat* y la *contracultura*, los cuales no bastaron para agitar a la masa o, por decirlo de otra forma, para crear un mecanismo de agitación constante. Ahora, los *undergrounds* de turno viajan en bonitos coches ecológicos, se construyen casas grandiosamente sostenibles y, eso sí, interaccionan contra la cultura con ordenadores de última generación. Aquello que es verdadero y que permanece tras la oscuridad, sigue siendo ignorado, inclusive para los que creían salir a su encuentro. Los movimientos de los últimos tiempos como el 15M en España o la primavera árabe han sido solo, aparentemente, un suspiro dentro de lo realmente necesario.

El contacto con la naturaleza se pierde a medida que la tecnología administra nuestro tiempo en pro de las telepantallas: las del ordenador, las de la televisión, las de la videoconsola, los teléfonos móviles. Es decir, las nubes del no saber. No necesitamos ningún otro tipo de diversión porque en la pantalla la tenemos toda. No necesitamos ningún tipo de cámara que nos vigile, porque el estado de idiocia en el que nos movemos ya nos es suficiente para permanecer mansos y tranquilos. La Red tecnológica se expande a toda prisa y nos atrapa, nos pervierte, anula nuestra capacidad de relación humana, el contacto físico, el calor, la mirada, el roce, todo a cambio de un teclado y un visor. Preferimos las muecas de nuestras quince pulgadas al aliento afrodisíaco o insecticida de ese prójimo deseoso de contagio. La perversión es tal, que lo humano queda atrapado en una prisión pulcra, dócil, inofensiva, transparente. Es la conjura perfecta contra la razón, contra la imaginación, contra el espíritu de reacción a los tiempos. Nunca un pastor había perfeccionado tanto su forma de domesticar, dominar y guiar hacia el matadero de la ignorancia a un rebaño tan dócil. Docilidad silenciosa, sinuosa.

Pero la Red tecnológica es solo una sofisticación de las adormideras que siempre han existido. La sociedad mansa reproduce con mayor orden y productividad los anhelos expansionistas de sus ilusionistas. Y nunca había existido una sociedad civil tan dócil, imbuida en los aspectos insolidarios del progreso materialista. El bienestar social no solo es una mano que mece la cuna, sino que, además, nos duerme en el sueño de la tranquilidad y el sosiego.

Salir de esa placidez, de esa zona de confort provoca miedo, ese gran guardián de nuestro umbral, de nuestro castillo de seguridad material. Esta especie de experimento humano cela entre la cordura y la locura, entre las dos alternativas que Huxley ofrece al Salvaje en su "Mundo Feliz": la vida insensata de Utopía, o una vida, primitiva pero más humana, en un poblado indio.

De hecho Huxley no se equivocó en sus predicciones. El triunfo de los dioses del consumismo y el bienestar ha sido a costa del sacrificio de valores humanos esenciales, valores que en esencia se intentan recuperar a la desesperada mediante la revolución interior. La servidumbre propia que nos imponen esos dioses, nos impide incidir en la libertad individual, en las decisiones que gobiernan nuestras vidas. Atados a hipotecas materiales, sociales y culturales, al consumo y a las exigencias propias de un *statu quo* que cada vez resulta más insoportable, obedecemos a esa tiranía sin sopesar el gravamen de nuestras decisiones. El Orden, la Estructura Social, nos tiene atrapados en una Red cuya Araña nos resulta totalmente invisible, impredecible e insospechada. Una Araña tan inaccesible e inimaginable que la creencia en ella parece producto de la pura superstición.

A finales del siglo XVIII se editó un pequeño librito o tratado sobre como podían ser las cárceles ideales para la época en la que vivían. Lo escribió un jurista inglés llamado Jeremías Bentham, del que Michel Foucault hablaría de forma extensa. La idea del jurista era sencilla en su aspecto más básico: crear un edificio circular desde el cual todos los presos pudieran ser vigilados de forma milimétrica por unos custodios que ejercerían su control desde una torre central dentro del edificio. Parte del tratado habla de la construcción ideal del edificio y de su justificación práctica, tanto para los legisladores como para los propios presos que se verían liberados de las injusticias que dentro de las cárceles adolecen de forma arbitraria y gratuita. Lo anecdótico del libro es el interés por ejercer el control sobre los individuos y como este poder se puede manifestar cada día de forma más perfeccionada. Ese panóptico o panopticón perfecto, que así lo llamó el autor, existe de forma inquietante y disimulada en nuestros días. Es la "sociedad vigilante" de Foucault, donde todos nos vigilamos unos a otros, siendo agentes a sueldo de la propia Estructura, del panopticón posmoderno.

El edificio ha sido diseñado con tal sutileza y refinamiento que sus paredes son trasparentes y sus custodios son los mismos presos. Ni siquiera Jeremías Bentham lo hubiera imaginado mejor. Un edificio administrado por ciudadanos aparentemente cabales, que saben pero no comprenden, porque desconectaron el saber del ser, único lugar posible para la correcta comprensión de las cosas. Así, el mecanismo se autorregula por sí solo. Es simple y mecánico. La Estructura se encarga a cada momento de que así sea. Nos imbuye de información y crea "torpes" conocedores, torpes que no se conocen así mismos. La influencia hipnótica de la educación, de la moral, de la disciplina, automatiza las acciones y pensamientos autocontrolando todos los procesos. La ciencia dogmatiza los saberes haciendo de la vida ordinaria una ilusión insensata y carente de propósito, una autopista recta y perversa que no lleva a ninguna parte.

La telepantalla que Orwell describió en su novela "1984" nos recuerda un poco a este panóptico descrito por el jurista inglés. Programas como *"El Gran Hermano"* son una muestra de cómo la utopía liberal de finales del siglo XVIII, en parte, se está volviendo una realidad. El control absoluto de los individuos, de sus hábitos, de sus necesidades, de sus inquietudes, hace que la sociedad se retroalimente de forma infinita hasta refulgir en sus delirios totalitarios. Es ese lugar *"en donde no hay oscuridad"*, tal y como lo describe el Ministerio de la Verdad en la novela de Orwell. La intimidad se vuelve espectáculo y el cotilleo se perfecciona de tal manera que nos hace representar una y otra vez los mismos dramas y tragedias que toda la vida han sacudido al ser humano.

Amor, vida y muerte son las tres constantes de nuestra condición humana, pero ahora transformadas en ideas temerosas y caricaturizadas por los matices propios de la historia como sexo, supervivencia y tragedia desarrollada dentro de ese círculo visceral de una Estructura doliente, y ahora, más que nunca, reduccionista, totalitaria y ambivalente. El factor miedo alimenta el motor de todo lo que ocurre, alejándonos irremediablemente del amor, que es aquello que nos une y nos emancipa, que nos hace humanos completos, acercando a nuestra verdadera naturaleza el avance vital. Por eso, por miedo, hablamos de sexo y no de amor, de supervivencia y no de vida y disfrute, de tragedia y no de muerte.

Dicen los sociólogos que hay algo que nos diferencia realmente de los animales y es nuestra socialización. Si bien hay grupos animales que también forman comunidades y sociedades bien establecidas y ordenadas, con sus propias Estructuras y el trabajo bien organizado y especializado, las sociedades humanas se distinguen, básicamente, en su mayor y complejo grado de conciencia de sí mismos. Esta conciencia de sí mismos hace que las relaciones con los demás se vean matizadas por el interés individual, y no por el colectivo. Siguiendo las ideas liberales, es el egoísmo individual lo que produce la riqueza colectiva. Weber así lo explicaba en sus tesis más conocidas. Sin embargo, al menos en un principio, el egoísmo individual encontró un caldo de cultivo idóneo para poder progresar en sus metas: la cooperación colectiva y el apoyo mutuo que tanto defienden pensadores como Kropotkin.

Las primeras sociedades humanas se basaban en el compartir, en la sensibilidad hacia las necesidades de los demás, a sabiendas de que si el grupo fallaba, nuestra propia integridad individual podría verse afectada. Este tira y afloja entre cooperación y egoísmo individual es también característico en nuestras sociedades aunque de forma más compleja. Si antes era el grupo para con el grupo el que se encargaba de legislar y regular de forma casi espontánea las relaciones entre sus individuos, actualmente existen instituciones como la Iglesia, el Estado o el Ejército que, de forma antojadiza, organizan y regulan esas relaciones egoístas y colectivas. Hemos relegado en estas instituciones cualquier capacidad o iniciativa propia. Todo lo que somos o todo lo que deseamos está, en cierta forma, regulado y condicionado por lo que el Estado espera que seamos o la sociedad civil, en su conjunto, espera que deseemos.

La Iglesia, cualquier Iglesia, ordena nuestra moral sin mucho margen para la elección individual. El bien y el mal tienen sus propias caras, y no podemos improvisar otro bien u otro mal que no sean los expuestos por la institución. No podemos escapar a la angustia de los eternos interrogantes y necesitamos respuestas desesperadas, verdades supremas que tranquilicen nuestra conciencia y, sobre todo, nuestro destino. Lo finito se entremezcla con lo infinito en lo que Eliade dio por llamar las Puertas al Universo, al Cosmos. Cualquier templo o movimiento religioso representa una puerta a nuestras respuestas, y como ávidos buscadores, nos encanta abrir puertas, olvidando la más importante de todas, la puerta estrecha, nuestra propia puerta interior, la puerta de la emancipación.

Las leyes y las formas jurídicas, las costumbres, el territorio, nuestro estilo de vida, nuestra cultura, nuestras formas de actuar, pensar y sentir, todo lo que nos permite interactuar en sociedad está controlado por los preceptos de otra institución: el Estado, el Leviatán de nuestra cultura. Cualquier cosa que se diga o se haga fuera de lugar, será condenado pronto por los mecanismos del Estado o por los prejuicios de la sociedad.

Y el poder, la fuerza, está regulado por el Ejército y las fuerzas del orden público, que actúan como colchones de seguridad, tanto interna como externamente. Cualquier desvío, cualquier irracionalidad, pronto será corregido y/o suprimido, vigilado y controlado por esa red invisible de poder coercitivo que vela por el Orden Social, por la Estructura Espacial y Temporal. Pero también por otra terrible fuerza, la mediática que, de forma silenciosa, va creando opinión, diligencias, costumbres y Estructura, mucha Estructura.

Entonces, si todo está regulado desde fuera, tanto el trabajo como la forma de apropiarse de la tierra y las formas de convivir de una u otra forma en sintonía con los demás, las creencias y las relaciones con todo lo que nos rodea, ¿qué le queda al individuo, con respecto a su libertad individual? ¿Qué espacios serán los que podrán desarrollarse de forma libre sin perjuicio para el resto de los comunes? Dentro de este marco de referencia, ¿existe algún atolladero digno de improvisación? ¿Qué podemos hacer para sentirnos amos de nuestro propio destino y circunstancia? ¿De cuanta libertad real disponemos? ¿Qué somos realmente, quiénes somos? ¿Qué margen tenemos para la emancipación del individuo y la creación de nuevos valores, nuevas culturas, nuevas ideas ¿Cómo es posible profundizar en la modernización, en el cambio cultural y en la democracia profunda? ¿Cómo podemos ir más allá en el desarrollo humano, en la correcta interacción con la Naturaleza y con el resto de sociedades y culturas?

Cuando se estudian las comunidades y se investiga un gran número de personas integradas en diversos grupos diferenciados con Estructuras y finalidades en apariencia distintas, uno observa con el paso del tiempo y la constatación, que ciertos matices se repiten y ciertas formas de relacionarse forman una pauta casi idéntica en todas las relaciones.

Cuando investigaba en mis primeros años universitarios las formas de vida de los indigentes y transeúntes, y las relaciones entre ellos y entre ellos y la sociedad, observaba el mismo matiz que podía entrever entre los estudios que realicé años más tarde sobre grupos elitistas y gente socialmente opulenta que reproducía, valga la paradoja, las mismas pautas de comportamiento que años antes había observado en sus antagónicos sociales. Pobres y ricos, altos y bajos, hombres y mujeres, basan gran parte de sus relaciones sociales o de grupo, además de en el egoísmo y el individualismo extremo, en la crítica y el cotilleo. El mayor invento creado para el control, la estabilidad y el adoctrinamiento social, del cual, la fuerza mediática se hace poseedora y vehículo.

El cotilleo es una de esas razones por las que el grupo se integra, se aviva, se ama y se odia a sí mismo. "El qué dirán" puede ser una de las mayores armas de control disponible. Desde tiempos remotos y en cualquier sociedad humana, el cotilleo sirve como base de integración en el grupo. Tanto si se convive con los Bosquimanos del Kalahari o con los indios Jíbaro de la selva amazónica, vemos en el cotilleo una forma de vínculo que, increíblemente, une y compone de forma sólida toda la casuística grupal. Nicholas Humphrey, en su libro *La mirada interior*, lo expresa de forma concisa: *"La historia de la sociedad humana en los últimos miles de años es la historia de lo que las personas se han dicho unas a otras, de lo que han pensado unas de otras, de rivalidades, de amistades, de ambiciones personales y nacionales"*.

El rumor es uno de los vínculos más poderosos de la sociedad, el cual se administra de forma globalizada por los medios de comunicación, por el poder mediático, estigmatizando poderosamente a aquellos que se apartan de la norma. Son poderosas formas de control social dirigidas desde un sistema de valores, prejuicios o creencias que pretenden adoctrinar el comportamiento de los ciudadanos de forma no totalmente restrictiva, pero si eficaz. Vemos como los programas del corazón copan las cuotas de pantalla. Siempre estamos interesados en ver o saber qué hacen, qué piensan o qué sienten el resto de los mortales. Digamos que en las pautas de los demás buscamos nuestra propia pauta, nuestro propio lugar en el mundo, nuestro propio sentido dentro de esa amalgama de relaciones. No podemos vivir sin el otro, y el Robinson Crusoe que lo intente, está apostando por el fracaso social, porque pronto será estigmatizado, repudiado, apartado, marginado y excluido.

La comodidad hace que los humanos nos volvamos animales de costumbres sociales, hallando en esas costumbres una vida más sencilla si acomodamos nuestra rutina al comportamiento general establecido. El salirse de la pauta no solo está sancionado socialmente, sino que supone un riesgo extremo que no todos están en condiciones de asumir. Es la moral del esclavo de la que nos hablaba Nietzsche, aquella que nos hace mediocres, sumisos, vengativos, débiles, borregos y estúpidos.

Toda esta perversión de nuestra condición humana nace del miedo, una poderosa arma de control que pervierte cualquier intento de asumir ningún riesgo. Todos tenemos miedo al cambio, al ser diferentes, al destacar en habilidades distintas, porque a todos nos han programado para sentir miedo a aquello que resulte ajeno a las normas y costumbres establecidas. Las estructuras simbólicas que de muy pequeños insertan en nuestras mentes plásticas y moldeables, intentan catapultar nuestras emociones hacia espacios restringidos y vallados con cercas de seguridad, con miedos aprisionados a nuestros inconscientes. Y el conformismo, junto a la necesidad de dar satisfacción a esa ansiedad temerosa incrustada, es el producto inmediato; el egoísmo, el resultado nefasto. Canciones de cuna, cuentos, historias totalmente planificadas para inyectar en nuestra psique aprensiones, desconfianza y nulidad. Engaños y mentiras que se fraguan generación tras generación, diseño tras diseño, sin que nadie repare en ello. Nuestros fantasmas interiores, creados a conciencia, limitan toda capacidad creativa, de proyección como seres libres.

Está tan integrado en nosotros que, en cierta forma, necesitamos de ese control social para establecer nuestras pautas y relaciones, nuestros destinos sujetos y mancillados a la meta común. Somos seres autómatas que nos movemos al son de la música social a pesar de estar diseñados psicológicamente para ser seres libres en tanto en cuanto somos capaces de acciones y reacciones ante el proceso de socialización y en las situaciones culturales que se nos presenten. No obstante, hacemos que nuestros pensamientos, actos y comportamiento se adapten todo lo posible a lo establecido.

De alguna forma insospechada y terrible, somos víctimas inconscientes de las fuerzas culturales, pero también cómplices de la comodidad que eso nos aporta. Nos adaptamos al medio, a cualquier medio, con tal de hacer de la vida un viaje placentero, tranquilo, sin excesivos sobresaltos. El arte de la subsistencia se ha transformado de tal modo, que lo que prima ya no es la vida en su máxima plenitud, sino la supervivencia supeditada a la vivencia infinita del placer y el bienestar a costa de cualquier cosa. Es el ensueño visto desde todos los puntos de vista, dejando a la libertad del ser y por lo tanto, a la verdadera felicidad de hacer bajo nuestra conducta lo que realmente sentimos interiormente, campear en algún lugar que difícilmente podemos ni tan siquiera imaginar.

CAPÍTULO 4
LÍMITES Y ESTRUCTURA

"A veces creo que nada tiene sentido. En un planeta minúsculo, que corre hacia la nada desde millones de años, nacemos en medio de dolores, crecemos, luchamos, nos enfermamos, sufrimos, hacemos sufrir, gritamos, morimos, mueren y otros están naciendo para volver a empezar la comedia inútil". El túnel, de Ernesto Sábato

La realidad se percibe dentro de nuestros límites subjetivos, y es a partir de esas limitaciones que construimos nuestro diagrama Estructural. Si leemos con atención el bonito poema que aparece en el anexo número dos, vemos como la ciencia de la moral y le ética intentan, desde tiempos inmemoriales, ordenar nuestra conducta, nuestra convivencia y nuestras formas de relación. Los elementos que conforman la Estructura se influyen unos a otros modificando el sistema según se modifican las ideas y los cambios subjetivos. Esto nos lleva a la idea de que la propia Estructura se encarga de que esos cambios auto-alimenten el Orden establecido y que, al aglutinar y ordenar los cambios, los daños dentro de la Estructura sean mínimos. Los resortes son perfectos porque todo se adapta al Nuevo Orden con tal de sobrevivir el máximo posible. La plasticidad social moldea la realidad a fin de adaptarla a las nuevas situaciones. Este diseño social tiene algo en común con el diseño natural que ordena las formas para que los genes sobrevivan en diferentes medios, adaptando el modelo a circunstancias heterogéneas.

La filosofía, el pensamiento, la ciencia, las humanidades y todo tipo de disciplina regulan la Estructura desde sus escaños y a expensas de sus críticas o contradicciones, auto-alimentándose ella misma, así misma, dentro de sí. Por lo tanto, si un elemento está en contra de la Estructura, lo estará desde dentro de la Estructura, y su crítica solo servirá para regular y estructurar un cambio relativo, parcial, dentro de la dinámica estructural. De ahí el fracaso de las grandes revoluciones, como las comunistas o socialistas, que pretenden cambiar el Orden establecido sin haber moldeado primeramente la materia prima estructural: el ser humano. En el fondo, la gran transformación es limitada en el tiempo y el espacio, puesto que la Estructura se encarga de poner en su sitio, normalmente a medio plazo, las bases que pudieran haber sido modificadas.

El gran sistema en el que vivimos, nos movemos y tenemos nuestro ser es transformado por el mismo ingenio humano. Estas transformaciones alimentan las nuevas generaciones quienes, a su vez, crearan nuevos aparentes cambios. La Estructura social nace en el ser humano, se reproduce en él y se transforma bajo su mandato. La gran paradoja surge cuando el mismo individuo nace condicionado por ese sistema. Su alimento, su constitución, sus pensamientos, sus esquemas, sus sueños, sus posibilidades como individuo siempre están enmarcadas dentro del gran sistema en el que conviven. No hay escapatoria aparente al magma estructural, porque nosotros formamos parte de él. Así, es difícil despertar de la hipnosis común, del ensueño ordinario y divisar nuevas realidades. Nuestros cuerpos y nuestras mentes están diseñadas según unos patrones predeterminados, limitados y estrechos. Bucear más allá de esos patronos, transformarlos, es operar en contra de nuestra propia naturaleza. ¿O acaso dentro del diseño existe la posibilidad de transcendernos, de superarnos, de sobresaltar las vallas que regulan la normalidad, lo estándar, lo uniforme, el estereotipado margen de maniobra, lo reglamentado y corriente?

Resulta por ello difícil imaginar al individuo sin el sistema, a la vez que resulta difícil imaginar al sistema sin el individuo. Si uno de los dos faltara, ya estaríamos hablando de otra Estructura, pero no de la Estructura Social tal y como la entendemos aquí. Nuestras limitaciones, pues, son nuestra forma de dar capacidad al sistema, y la suma de todas nuestras limitaciones conforman toda la Estructura. Por ello volvemos una y otra vez a la misma pregunta: ¿cómo se defiende el individuo ante la gran Estructura? ¿Es realmente el individuo libre dentro de ese sistema, suma de partes sensiblemente limitadas?

Esta retroalimentación entre individuos y Estructura, entre humanos y Sistema, es potenciado en todo momento por el pensamiento científico y racional de nuestra era. Los científicos admiten que lo humano es un milagro, que la vida, en sí misma, es algo extraordinario y único. Nos vemos sujetos a millones de interrogantes y siempre fijamos nuestra atención al indomable sueño de la Verdad. Pero esa verdad está fracturada en millones de trozos. Es como si un espejo se rompiera en mil pedazos y nosotros nos viéramos reflejados en alguna de sus porciones. Ese es el ámbito de nuestra verdad, pero la Verdad es algo aparentemente inalcanzable, dada su fragmentación subjetiva.

La buena ciencia es duda y la duda huye de los dogmas inamovibles, de las ideas preconcebidas, de las verdades absolutas. Debería huir de las definiciones universales y fijas porque los paradigmas duran lo que tarda en nacer uno mejor, más amplio, más elaborado. Un enunciado universal sería: "todos los cisnes son blancos"... pero, ¿qué pasaría si mañana viéramos uno negro? La ciencia se basa en la constatación infinita, en falsear las hipótesis hasta encontrar una mejor, más adecuada a la realidad. Todo se cuestiona a cambio de ampliar nuestro marco de referencia, todo es temporal porque siempre habrá una verdad más amplia, mejor estructurada, más acertada en contra de lo que hasta ahora habíamos entendido. Pero realmente la ciencia no encuentra hueco suficiente para establecer márgenes y linderos más allá de sus propias limitaciones. Por lo tanto, lo "milagroso" de la vida es sencillamente algo para lo que aún no estamos preparados.

Ya sabemos desde hace décadas que la realidad es plástica, nunca es lo que parece. El individuo rebelde toma consciencia de ello y facilita la vía para abolir y erradicar de su interior lo añejo, lo podrido, la visión engañosa. No existe para él una realidad fija e inamovible, ni preconcebida, ni aislada, sino una idea preestablecida sobre esa sustantividad cambiante y modificable. Es totalmente flexible y nunca podremos abarcarla con pensamientos férreos y dogmáticos. Pongamos como ejemplo de ello la paradoja del mentiroso:

- "Estoy mintiendo (ahora mismo, al decir esto)".

Y así se organiza nuestro Orden. Como una paradójica mentira en la que creemos, desde donde nos movemos y en la que tenemos nuestro ser incansablemente satisfecho ante los estímulos que nos ofrece. Nuestros límites nacen de nuestra ceguera subjetiva, y al mismo tiempo, de la ensoñación colectiva de cualquier orden establecido. Somos náufragos de nosotros mismos, pero navegamos tranquilos en la deriva común. En esa deriva que nos impide la verdadera revolución. No la revolución de cambiar el Sistema o la Estructura, sino la revolución de cambiarnos a nosotros mismos.

Como sugería Krishnamurti, la verdadera revolución consiste en vaciar la mente de lo conocido. Esa es la verdadera revolución radical: sumergirnos en el nosotros para darnos cuenta de que la crisis no es más que una crisis de la consciencia. Una crisis donde ya no podemos seguir aceptando las antiguas normas y costumbres anquilosadas, los antiguos moldes y tradiciones antiguas, las antiguas religiones, los antiguos modelos morales, las antiguas formas de organizar la economía, los antiguos patrones políticos y las antiguas alianzas de poder.

CAPÍTULO 5
TIEMPO Y ESTRUCTURA

"Es más fácil desintegrar un átomo que un preconcepto".
Albert Einstein.

El Orden Social nos esclaviza pero también el Orden Temporal. Nuestra vida está regulada a cada instante por el tiempo y el tiempo está determinado por el *tripalium*, es decir, el trabajo. No en vano, etimológicamente hablando, el tripalium eran tres palos en los que se amarraba a los esclavos para azotarlos. Por lo tanto, el sufrimiento que produce el trabajo regula nuestro tiempo y el de nuestras relaciones con el medio y con los demás seres. Sin embargo, no deja de ser paradójico que para algunos, el trabajo nos hace libres y provoca orgasmo, cuya etimología indoeuropea, casualmente proviene de *uerg*, es decir, trabajo, o también orgía, que eran los trabajos realizados en honor al dios Baco. Quizás ocurra que los que piensan que el trabajo es como un orgasmo, presumiblemente sea porque andan embriagados en vino, haciendo honor a su dios. Ni lo uno ni lo otro, el trabajo es necesario cuando es libre y tiene que ver con nuestros dones, capacidades y propósitos vitales, cuando nace de nuestro entusiasmo interior y de nuestro centro, desde la alegría, y no la imposición.

Sea como sea, el problema no radica en el trabajo en sí, sino en la presunción esclavista del mismo. El tiempo que le dedicamos al trabajo ordenado y rutinario, o la calidad del mismo, es lo que determina nuestra servidumbre a su Estructura.

Nuestro tiempo nació con la reforma de la Iglesia Católica en 1583 y su calendario gregoriano. A partir de ese momento, el tiempo se fue transformando hasta el límite de integrar en la vida humana la tecnología mecanizada, esa que como en la revolución fordista, solo puede existir bajo el dominio atento del tiempo estructural. Las revoluciones científicas e industriales se han desarrollado bajo el prisma materialista de la concepción gregoriana. El progreso solo es concebible pisando la delgada línea temporal. Esto quiere decir que el tiempo está subyugado a medidas espaciales y de trabajo, encasilladas y determinadas por unidades bien delimitadas. Al mecanizar el tiempo, olvidamos al verdadero tiempo, el de la respiración, es decir, el de la vida natural. Ya no medimos el tiempo por la profundidad de nuestra respiración, como antaño, sino que lo medimos por la superficialidad de la mecanización y automatismo de la medida exacta. Cuanto más exacto es un reloj, mejor tiempo tenemos. La hora punta, exacta, es el preludio del hechizo humano, del encantamiento embrujado. Cuando dejamos de respirar dejamos de vivir realmente, en plenitud, dejamos de contemplar el propósito interior, la llamada, el don, el reencuentro con nuestro talento y nuestra verdadera vocación. Abandonamos nuestro ser, dejamos de respirar, de conspirar con nuestro interior y por lo tanto con lo exterior viviente para abandonarnos a la deriva.

La mente interactúa en estándares temporales basados en el movimiento lineal y continuo, siempre mirando al futuro o al pasado, pero apenas permitiendo la experiencia real del tiempo presente, del ahora eterno, de la impermanencia, del anitya que fluye libre en la infinitud. Nuestras preocupaciones siempre están determinadas por lo que hicimos o por lo que haremos, y no por lo que hacemos o lo que somos. Sencillamente porque lo que hacemos y lo que somos en el ahora está establecido y condicionado por el factor trabajo y el factor espacio, y no por el momento cualitativo de la experiencia. Así, nuestra visión se aleja de la práctica vital y se obsesiona por la experiencia de conquistar más espacio, más materia, a cambio de más trabajo y, por lo tanto, menos tiempo para nosotros mismos. Esto provoca que nuestra alma esté lisiada, o como mínimo, tienda al suicidio, porque al no disponer de tiempo suficiente para reconciliarnos con nosotros mismos, estamos ahogando la posibilidad de la experiencia vital. La fórmula es muy sencilla. La Estructura se alimenta, como dijimos, del mundo de los tenderos, es decir, del mundo de las cosas. Al alma solo le interesan las experiencias del aquí y el ahora.

En nuestra Estructura temporal, por lo tanto, tenemos una sola palabra para significar el "tiempo". Los griegos tenían dos: chronos y kairos. Chronos es el tiempo del reloj, el tiempo que se mide. Kairos, el momento justo, no es el tiempo cuantitativo, sino el tiempo cualitativo de la ocasión, la experiencia del momento oportuno. Los pitagóricos lo llamaban la Oportunidad. Todos experimentamos en nuestras vidas la sensación de que llegó el momento adecuado para hacer algo, que estamos maduros, que podemos tomar una decisión determinada, importante en nuestras vidas. Para los mayas era el zubuya, el flujo de la vida. Los budistas lo llaman anitya, transitoriedad de todo lo que existe, cambio como unidad de existencia. La teología cristina lo llama el "tiempo de Dios", el propósito inevitable. El poeta romano Horacio fue preciso: "carpe diem quam minimum credula postero". Es el tiempo verdadero que nos aproxima al momento único de nuestra experiencia vital, el momento justo para hacer lo que tenemos que hacer.

Sin embargo, el tiempo, nuestro chronos, es el gran regulador de la Estructura, el que nos aleja de nosotros mismos y de nuestro propósito interior. Parcelamos nuestra vida en minutos, en segundos, en años, en meses, en semestres. Los intereses son anuales, las ganancias semestrales, los aniversarios son nuestra referencia psicológica, el trabajo está regulado por la jornada laboral, así como el precio de nuestra fuerza de trabajo. En nuestra dimensión temporal de la existencia, el dios Chronos es el dueño de nuestras vidas limitadas, y nos engulle día a día hasta morir. No poseemos una conciencia o una dimensión diferente a esa. Quizás sí en alguna tribu perdida del amazonas o en la mente de algún monje budista, pero no en una sociedad que necesita regular cada segundo de existencia. La Quietud es una palabra inadecuada para el ritmo acelerado de nuestras sociedades. El Punto de Quietud es inalcanzable en la vida ordinaria. Por eso los místicos y pensadores de todos los tiempos recurrían a la vida extraordinaria para poder ceñirse a su propósito interior, difuminado en el Propósito Universal una vez alcanzado el éxtasis, la iluminación, el nirvana, la santidad.

El mundo financiero y el mediático se regulan por el tiempo. Las fuerzas sociales son determinadas por el tiempo. Chocan entre sí en un magma temporal. No somos capaces de imaginar el tiempo en otra dimensión más que la establecida, la ordinaria. La noción de kairos está tachada en el diccionario Estructural, pues no es una noción que pueda ser asimilada en nuestras conciencias, en nuestra disciplina diaria y en nuestro progreso material. Excepto, claro está, en el individuo que, por encima de su limitada disposición, encuentra su kairos y se aproxima a lo cualitativo de la ocasión, al momento de rebeldía.

Si leemos con atención el anexo uno de este trabajo, vemos como las realidades estructurales limitan nuestra realidad social e individual. Ese límite es descrito por Kant, dándole el nombre de nóumeno, como lugar donde se limita la experiencia posible. Aunque podamos Estructurar nuestras vidas en lo que existe más acá de esos límites, hasta el momento parece imposible averiguar la existencia de lo que hay más allá de ellos.

Entendemos que nuestra capacidad sensible se limita a nuestras propias posibilidades físicas, siendo la razón el argumento perfecto para imaginar o intuir las cosas que escapan a nuestros sentidos. Si pudiéramos ver o experimentar la realidad, tal y como se explica en el anexo uno, la noción de tiempo no tendría el significado que hasta ahora le hemos dado. El proceso de todo acto sería único, una verdadera experiencia, una oportunidad exclusiva de vida sentida. Experimentaríamos el tiempo vivido no como algo que transcurre, sino como algo que es sentido. Siendo a cada momento, sería más exacto decir. Desconfiando, pues, de todo aquello que no fuera gerundio, de todo aquello que no implicara movimiento dentro de un proceso interno, y no un determinando externo. Esa es la burla que se pretende en algunas disciplinas orientales.

La meditación, por ejemplo, sería solo una herramienta para parar el tiempo y transformarlo en un proceso. Para permitir entrar en otra dimensión diferente a la conocida y explorada hasta ahora. Meditar sería conectar con ese ser alejado del parámetro temporal, y por lo tanto, liberado de las premisas estructurales.

Suponer que poseemos una noción diferente a la normal es suponer que la Estructura puede también contemplarse desde diferentes experiencias y diferentes ángulos de observación fuera del tiempo y el espacio que nos separa de las cosas y las vivencias. En Occidente, se tiene una visión particularmente centralista y lineal. Todo evoluciona desde un principio a un fin tangible. En Oriente, sin embargo, la visión que se tiene de la vida es más circular, radial, donde todo converge a un centro y no hacia una línea en creciente diagonal. Las cosas no evolucionan ni progresan de un punto "A a uno B", separadas por una línea de tiempo, sino que se desarrollan en un mundo de experiencia y posibilidad, siendo el tiempo una espiral creciente capaz de retornar a su mismo punto en algún lugar de su realización. El tiempo para ellos es más kairos que chronos, por eso viven en una especie de rebeldía mística constante. Lo finito y lo infinito se entremezclan de igual forma que lo hace lo tangible con lo intangible.

En las disciplinas orientales, las que son caracterizadas por su lejanía al consumismo y al poder de la Estructura económica y de mercado, su forma de administrar el tiempo es totalmente indisciplinada. La noción de tiempo y conciencia la viven desde otro punto de vista alejado al nuestro. Sus límites no son evaluados de la misma forma con la que nosotros evaluamos los nuestros. Su ceguera podrá ser de otro tipo, pero su forma de entender la vida difiere totalmente de la nuestra, lo que dificulta la diferenciación de su rebeldía.

En Occidente es tremendamente fácil describir las dificultades a las que todo individuo se enfrenta en su día a día. Sus limitaciones están totalmente enlazadas a la dependencia social. Los límites a los que la mente Estructurada del individuo y la sociedad común están enfrentadas son límites no solo psicológicos, sino que afectan a toda percepción individual. Pero, ¿es posible esquivar estos límites? ¿Es posible desbancarlos de su poder y dominio? ¿Son estas limitaciones necesarias, o más bien producto de la misma Estructura? ¿Dificultan estos límites la libertad individual, la acción y el movimiento de los personajes que interpretan su papel social?

Vemos como el tiempo regula nuestras vidas, y nos esclaviza. Ahora veamos como ocurre lo mismo con el espacio, el territorio, el sentido de posesión y eso que hemos dado por llamar la propiedad privada, que no es más que la regulación de la violencia que implica la ancestral necesidad de proteger y dominar un espacio propio.

CAPÍTULO 6
ESPACIO Y ESTRUCTURA

"El primer hombre que, habiendo cercado un pequeño trozo de tierra, dijo: Esto es mío, y encontró gente lo suficientemente estúpida como para creérselo, fue el verdadero fundador de la sociedad civil". Discurso sobre la desigualdad de los hombres, Jean-Jacques Rousseau.

Otros de los grandes problemas del humano esclavo, del siervo de nuestro tiempo, del "hombre máquina", no solo es la invisible subyugación a la Estructura entendida como Orden Social y a la Estructura entendida como Orden Temporal. La propiedad privada, y más concretamente, la posesión, que no el uso, del espacio, de la tierra, es sin duda el peor de los tormentos para el alma que pretenda cierta libertad.

Ese primer hombre del que habla Rousseau quizás tenga nombre y apellidos. De hecho, si hacemos un rápido análisis de la historia más reciente, vemos como en el siglo XVIII, el Reino Unido, mediante un dictamen del Parlamento Inglés generaliza los llamados *"enclosures"*, es decir, las Leyes de Cercamiento. Hasta entonces, en el Reino Unido, pervivían tres formas de propiedad de la tierra: los campos cerrados o *"enclosures"*, los campos abiertos o *"openfields"* y las tierras comunales, que eran zonas de aprovechamiento común. El cercamiento que propugna el parlamento supone pagar un expediente al que no todos pueden hacer frente. Por supuesto, los beneficiados de esta ley son los grandes terratenientes, que casualmente son los que controlan el parlamento en aquel entonces. ¿Qué consecuencias produjo? Algunos pequeños propietarios se endeudaron y acabaron vendieron sus tierras al no poder hacer frente a los gastos de cercado. Desaparecen las tierras comunales, que son cercadas con linderos marcados, sacadas a subastas y adquiridas por los grandes propietarios. Esto provoca la concentración de la tierra en unas pocas manos y la creación del concepto moderno de propiedad privada. Pero este empeño no es nuevo, ya que afecta también a la parcelación de espacios mayores, como los países y naciones que se protegen de sus vecinos con grandes parcelas llamadas fronteras, protecciones imaginarias de eso que los estados modernos dan por llamar soberanía.

La Estructura Espacial rompe con nuestra capacidad de movimiento, de libertad en el espacio. Nos subyuga a un territorio determinado, a unas creencias, una cultura y un idioma limitados. Pervierte nuestra reacción para el cambio, suponiendo que el sedentarismo es la mejor receta para la prosperidad. El amor a la tierra se vuelve desmedido, tóxico, terrible. Pensar diferente es convertirse en un traidor de la patria, de la nación o la tribu. Ocurre que la tierra puede ser nuestros treinta metros cuadrados de vivienda en la colmena-ciudad o nuestra patria, nuestra nación, unos conceptos primitivos y anquilosados en nuestra psique homo-animal que aún perviven en nuestras sociedades.

La propiedad privada es perversa porque anula nuestra capacidad generosa, realzando los valores del egoísmo desmedido y aplicando la ley del más fuerte a un mercado cada día más irrespirable. La sensación de posesión nos satisface porque así nos lo han enseñado, anulando cualquier otra posibilidad.

Ese egoísmo desenfrenado afecta a las posesiones más significativas, a todos los recursos que nos son accesibles. Se suele decir que dichos recursos son limitados, que la tierra es limitada, que el espacio es limitado. Pero, en verdad, no existe tal limitación, sino una mala programación y gestión de los recursos, un desmedido egoísmo a la hora de apropiarnos de ellos, un descontrolado abuso de todo lo que pueda ser empaquetado y vendido. No es que exista poca agua, poca energía o poco alimento. Solo existe un deseo terrible de apoderarnos de los recursos disponibles sin la menor consideración por el otro, haciendo de la tierra, el agua y el aire un producto más, algo con lo que vender o traficar. La visión sagrada de la naturaleza ha desaparecido, y con ello el respeto hacia la misma.

Un ejemplo claro lo tenemos en la alimentación. Más que claro, resulta vergonzoso si no hubiéramos vendido nuestra dignidad humana al mejor postor en la feria de oportunidades. Mientras en el sur se mueren de hambre, en el norte comemos desmesuradamente, tiramos a los cerdos o a la basura el sobrante y sufrimos de obesidad. Inclusive, malgastamos la riqueza alimenticia en engordar animales que luego aniquilamos de forma cruel para, a continuación, comerlos y abultar así nuestras parrillas de grasa. Con ello, la violencia se multiplica ya no solo entre nosotros y contra nosotros, sino hacia los demás reinos. La imagen de esas fábricas y criaderos de cadáveres para el consumo humano no solo es terrible, también es insoportable para aquel que posea un mínimo de sensibilidad.

De nuevo la imagen idílica de la Estructura, imaginando a una familia feliz alrededor de una barbacoa, vuelta y vuelta a las hamburguesas, sin pensar por un minuto el verdadero significado de ese acto, y todo lo que conlleva. El derecho a la vida ha sido suplantado por el derecho a la práctica de ser "yo", es decir, el yoísmo, o en otras palabras, el egoísmo.

Los vegetarianos o veganos son mal vistos por la Estructura, porque la lucha por la liberación de los "no-humanos" implica necesariamente la lucha por la liberación humana. Los derechos humanos no se cumplen, a pesar de haber sido internacionalizados. Cuanto menos los derechos de los animales, los cuales no han conseguido aún llegar a la conciencia de la mayoría de unidades de consumo animal, de caníbales del tercer reino. No solo infravaloramos los intereses de las especies que no pertenecen a la humana —especismo—, sino que destruimos y aniquilamos su modus vivendi sin ningún tipo de consideración. Y la estructura nos ha hecho pensar que eso es lo natural, y cualquier cosa, fuera de lo habitualmente establecido, es una verdadera aberración.

El *establishment*, o lo que es lo mismo, la asociación de egoístas alineados, fomenta esa idea con la voz de su poder, los medios de comunicación. Es un partícipe fiel a la Estructura, y lo tiene claro desde hace mucho tiempo.

Vemos como la visión sagrada hacia la Naturaleza se ha desaparecido por completo, comercializando vacas y terneras como si de cosas se trataran. Esta filosofía de tratar a los seres sintientes como cosas opera de igual forma hacia lo humano, es decir, de lo humano contra lo humano. Citemos una carta enviada por la dinastía bancaria de los Rothschild de Londres a un banquero neoyorquino el 25 de junio de 1863: *"Las escasas personas que puedan comprender el sistema -cheques y créditos- mostrarán tanto interés por sus beneficios o dependerán en tal manera de sus ventajas que no se debe esperar de ellas ninguna oposición, mientras que, de otro lado, la gran masa de público, mentalmente incapaz de comprender las enormes ventajas que el capital saca de ese sistema, soportará los costes sin oponerse*

Así, la imagen agradable de la familia dando vuelta y vuelta a la hamburguesa responde a un modelo tremendamente pensado. Un modelo que descansa en el sistema bancario y con el cual interactuamos con el placer que nos proporciona sus ventajas. Un modelo que busca la hegemonía del silencio, la aprobación servil y la confianza que, desde la ignorancia y el placer inmediato, ofrecemos al sistema, a la Estructura. Una estructura dentro de la Estructura que mediante reuniones privadas y acuerdos estipulados a nivel internacional alimenta unas formas de vida altamente peligrosas. Las guerras potencian, de forma macabra la hegemonía Estructural, pero también el pasotismo y la ignorancia de la sociedad civil, potenciando así un orden mundial altamente cohesionado en la ignorancia. Los estímulos y la seducción que nos provoca el comprar cualquier cosa, el sentirnos reyes y poderosos, es la trampa mortal con la que atrapan al homo-consumidor. La vanidad y la avaricia campan como armas de poder, un poder coercitivo reglado y legítimo en esa "constelación Estado", tal y como diría Bourdieu o ese "monopolio de la violencia", en boca de Weber. Es la miseria y la sordidez de nuestro comportamiento y nuestra organización social basada en la mezquindad, la codicia, la usura y la ambición.

La tecnología disponible se malgasta en armamento para proteger el Orden, nuestra tierra o país (territorio-posesión), y no en soluciones prácticas y pacíficas para universalizar, pongamos por caso, la energía eólica o solar, las medicinas o cuantos recursos infinitos puedan ayudarnos a un desarrollo sostenible. O, incluso, para aniquilar las injusticias mundiales, de entre ellas, principalmente, la hambruna del tercer mundo. Es decir, todos nuestros esfuerzos, individuales y sociales, van encaminados a perpetuar la Estructura Social, Temporal y Espacial en su lado más oscuro: el de la ignorancia y el egoísmo, el ethos de nuestro tiempo.

En los países con más tradición capitalista, podemos ver como la propiedad alcanza hasta lo más irrisorio, inclusive al conocimiento, a la educación, al libre pensamiento, a las universidades. El saber es regido por la Estructura y el espíritu libre debe adaptarse a la misma retorciéndose de dolor. La universidad se encarga de dirigir cualquier cátedra hacia buen puerto. Las tesis productoras de conocimiento, o reproductoras del mismo son, en el mejor de los casos, subvencionadas desde el Estado o fundaciones creadoras de Estructura. Así, no hay escapatoria a decir o pensar de forma que no sea adaptada a los parámetros establecidos. De hacerlo, pronto habrá sanción, ya sea mediante la ignorancia académica o por el retiro a la anomia oscura. Esto provoca acomodación a las normas, muchas de ellas no escritas, de la producción de conocimiento, pero también conformismo y retraimiento. En definitiva, nos convertimos en grandes productores de ritual, en huéspedes de una Estructura que nos premiará con nuestra pequeña parcela de colmena humana a cambio de un salario mínimo pero suficiente para poder abonar nuestro pequeño territorio de cincuenta metros cuadrados, nuestra pequeña e insignificativa partícula de posesión. Nos educan desde el principio al fin para seguir este protectorado posesivo. No para pensar libremente, sino para aceptar sumisamente la norma establecida, la escrita y la no escrita. No hay mayor escapatoria aparente que la de seguir las normas del juego.

Hablamos pues de un ritual enmascarado en la concepción políticamente correcta de la propiedad privada. De hecho, sería inimaginable hoy día una sociedad que escapara al concepto de lo mío y lo tuyo como valores supremos, de permanencia, de relación, de organización. Se mercantiliza con la tierra, con el agua, el fuego y el aire. Elementos que antes resultaban libres y gratuitos, ahora requieren de un esfuerzo añadido para disfrutarlos. Pero también se mercantilizan las emociones, los pensamientos y las creencias. Todo tiene un precio, sin olvidarnos, incluso, de nuestra propia existencia, cotizada a cinco euros la hora en el mercado de las cosas.

Movimientos como el Okupa, que pretenden "liberar espacios" desahuciados o abandonados, imprimen un carácter especial al concepto de privacidad, sobre todo reivindicativo, pero lo hace a costa de seguir en la dinámica urbana, sin aportar rasgos significativos que pudieran contribuir a una solución definitiva al problema espacial y temporal. Los espacios liberados acaban sucumbiendo al Orden establecido, por lo que resultan vulnerables a la Estructura. Si bien el matiz significativo y diferencial entre propiedad privada y posesión está bien definido por estas corrientes ideológicas, surge la duda de cómo articular la necesaria liberación. ¿Cómo liberarnos entonces del yugo espacial?

CAPÍTULO 7
LA REVOLUCIÓN RADICAL

"Sí, la revolución suena como muy romántico, pero no lo es: es sangre y tripas y locura. Hemos malgastado la historia como una pandilla de borrachos, jugando a los dados en los retretes". Bukowski

De alguna u otra forma debe existir un mecanismo que nos libere de la Estructura incierta, de la realidad a la que estamos acostumbrados, que nos despierte de este sueño en el que nos vemos involucrados. En el ámbito de lo sagrado, muchos movimientos religiosos y grupos espirituales insertan en su vida métodos de meditación que pretenden alejar al individuo de la realidad envolvente para intentar elevar su conciencia por encima de esos límites.

Los cuáqueros, por ejemplo, son los maestros del silencio, y desde él desarrollan sus métodos. En sus reuniones permanecen callados, pues quieren disponer de todo el espacio y el tiempo posible para alcanzar el gran secreto de la vida sin ahuyentarlo con el torrente de sus palabras. Trabajando en silencio, las mujeres se dedican a coser y combinar trozos de tela para componer unos edredones llamados *quilt*. Esta tarea forma parte del programa diario de meditación. Opinan que en silencio se experimenta mejor la presencia divina y se evoluciona más fácilmente en consonancia con el universo.

Como vemos en el anexo tres, muchos movimientos y grupos intentan exportar su fórmula mágica y trascendental para llegar a esos espacios más allá de la Estructura establecida. La impotencia de sobrevivir a ella intentando esquivar sus postulados es lo que incita a la práctica de estas técnicas desesperadas en nombre del espíritu, aplicando, en el mayor de los casos, dogmas y creencias que nos alejan de nuestro propio libre albedrío, de nuestra propia emancipación humana. Si realmente existiera una clara división entre cielo y tierra, y el cielo fuera la libertad total en contra de la Estructura infernal de la tierra, querría decir que el mundo es tan limitado como nuestra propia capacidad de entender la existencia. Si caemos en la tentación de creer que existe un supramundo por encima del que ya conocemos, estamos reproduciendo la información que la Estructura nos debiere, es decir, estamos imaginando una Superestructura por encima de la que ya conocemos, olvidando la unidad de todas las cosas y pixelándolas en partes divisibles, ordenadas, calculadas y clasificadas a nuestro antojo. Como nos dice Camus, *"la rebeldía metafísica es el movimiento por el que un hombre se levanta contra su condición y la creación entera"*.

Aparentemente, parece un imposible deshacerse del todo de la Estructura, vencerla o esquivarla sin entrar de lleno en su juego. Los grupos anti-Estructura, tales como algunas corrientes anarquistas, no hacen más que reproducir de diferentes formas las esencias de la constitución de cualquier Estructura. Cambiando el nombre de las cosas y las formas, sus esencias son equivalentes a las esencias de la misma Estructura, por lo tanto, el juego es el mismo: todos dependen de un espacio, un tiempo y un orden social determinado. Pretenden desprenderse del orden social olvidando las contradicciones propias del orden espacial y temporal, o mejor dicho, del programa interno que todos los sujetos llevamos impresos en nuestras almas sociales. Por lo tanto, su ideario revolucionario nunca será plausible, porque la represión y la opresión recurren a unas armas excesivamente sutiles y maquiavélicas que deben ser descubiertas, desveladas.

Todas las revoluciones han terminado por reproducir alguna Estructura rígida y de rápida implantación en la historia. Ninguna de ellas ha escapado a la norma y el orden, al espacio y al tiempo, ninguna de ellas ha llevado en sí misma la antorcha del verdadero cambio. Sus victorias solo han sido para adecuar la Estructura a las nuevas tendencias, o mejor dicho, viceversa.

El ser revolucionario difiere del rebelde en el descanso que el primero ejerce una vez conquistado su ideal. El rebelde no descansa en el empeño, pues es consciente que el ideal es inalcanzable. De hacerlo, dejaría de ser ideal. Por eso Camus nos exhorta a reflexionar desde la negación: *"¿Qué es un hombre rebelde? Un hombre que dice no"*. Un no interminable, a conciencia de que la Estructura siempre será y el ideal nacerá dentro a la mínima de cambio. Cuando el ser rebelde nace dentro de sí, el estómago le empuja a la rebeldía continua. Nunca se conformará con lo conseguido. Es más, tras llegar al punto en el que parezca que todo ha tenido efecto, abandonará sus obras y buscará nuevas metas. Un ser rebelde no es un revolucionario, sino un luchador a sueldo consigo mismo que morirá inconformista, creando utopías allá donde vaya.

Decir no es decir no a la Estructura, pero, sobre todo, decir no a uno mismo, pues somos nosotros los verdaderos hacedores del Orden establecido, del Tiempo reproducido, del Espacio pactado. La auténtica rebeldía es contra uno mismo a conciencia de que lo que somos, es el producto de la misma Estructura. Somos el resultado, el producto de nuestra cultura y nuestro tiempo, de la Estructura totalizante que nos ordena y envuelve continuamente. Pero también somos un proceso que participa y construye Estructura. Si es así, tenemos la misión de despertar de ese proceso y volver a la esencia mínima, al punto de quietud que somos para trascender la ilusión impuesta.

La misión del rebelde, de haberla, será romper con su herencia y acabar con el proceso. Destronar su árbol genealógico y encontrar su propia esencia para desvincularse así, libre, desnudo, de cualquier Estructura genética, familiar, cultural o social, política o económica, de raza, de edad, de sexo, de condición, de estatus, de poder. Por eso su lucha será eterna, porque al individualizar e interiorizar la rebeldía necesitará, paradójicamente, de otros rebeldes que agiten de vez en cuando sus formas, sus acciones, su consciencia. Necesitará del recuerdo, de la sacudida continua ante la urgencia de actuar. Por sí solo nunca será capaz de encontrar la verdadera liberación, el verdadero nirvana del que nos hablan los orientales. La fuerza de la Estructura es tal que termina atrapando cualquier intento de huida, de despertar de la misma, de lucha contra algo tan poderoso.

No podemos por nosotros mismos ser hacedores de esa liberación total. Si somos un hierro ardiente, necesitaremos del fuego para mantener esa condición. Si somos una balsa que corre hacia el mar necesitaremos siempre del bramar del río. Además, a cada subida de peldaño habrá siempre un horizonte mayor que nunca podremos alcanzar de forma aislada. De ahí que la revolución radical pase por destruir los antiguos patrones y abrazar los nuevos desde la unidad, y no desde el separatismo. Desde el otro, y no desde la soledad, aunque esta sea necesaria para llegar a estas conclusiones.

Como dice el bello poema de Walt Whitman:

"*Hoy, antes del alba, subí a las colinas, / miré los cielos apretados de luminarias / y le dije a mi espíritu: cuando / conozcamos todos estos mundos y el placer y la sabiduría / de todas las cosas que contienen, / ¿estaremos tranquilos y satisfechos? / Y mi espíritu dijo: No, / ganaremos esas alturas solo para seguir adelante*".

CAPÍTULO 8
CAMINANDO EN LA VIGILIA

"Cuán bien nacido y amaestrado es quien no está bajo el mandato del otro; cuya armadura es su honrado pensamiento, y la verdad su superior destreza. Este hombre es libre del servilismo, de la esperanza en subir y el temor de caer: señor de sí mismo, aunque no de terrenos, aunque no tenga nada, él lo posee todo". Sir Henry Wotton

El rebelde recurre a la duda para adentrarse en la sospecha. Comprende cuán difícil es despertar de la pesadilla estructural, y cuán difícil es desligarse de su poder. No basta con una sacudida para comprender la necesidad de despertar del sueño. Se necesitan muchas sacudidas, y continuas, para estar alerta. Pero, ¿quién produce esas sacudidas, si acaso los demás siguen dormidos? ¿Cómo saber si estamos en la vigilia correcta y no en un nuevo sueño?

Dentro de las leyendas judeocristianas, la historia que se atribuye al universo es limitada, y toda su finita existencia coincide con el aniquilamiento de los pecadores, la resurrección de los muertos y la victoria de la eternidad sobre el tiempo circunscrito, finito, limitado. Hoy día, según esta concepción del mundo que aún impera en la mente de media humanidad, existen, por supuesto, esos pecadores y existe la sublime creencia que permitirá, a los valientes que luchen contra el mal, vivir en un mundo o paraíso idílico perpetuado en el tiempo de forma eterna. La moralidad religiosa y, en nuestros tiempos, la moralidad laica y humanista, nos alienta a ese mundo al que todo bien nacido debería aspirar de alguna u otra forma. No un paraíso celestial, pero sí un mundo mejor aquí en la Tierra. Y ese mundo mejor es descrito y analizado por unos pocos hacedores de la aparente verdad.

Los paradigmas, nos enseñaba Karl Popper, solo duran lo que tarde en aparecer otro que tenga más fundamento y se adapte mejor a la realidad. Muchas veces no ocurre lo mismo con nuestros pensamientos y creencias, pues nos aferramos continuamente a ellos, ya que forman parte de nuestra identidad individual y colectiva y sin ellos, dejaríamos de existir como ser social. No podemos comprender que la individualidad no se construye con ideas, sentimientos o acciones, sino que nuestro potencial individual se limita a creer en la simple existencia del otro. El "yo" existe porque existe el "tú", por lo tanto, no son nuestras ideas las que sostienen nuestra identidad, como tampoco es la raza o la lengua la que sostiene la identidad de un pueblo o nación, muy a pesar de que la Estructura pretenda hacernos creer justamente lo contrario. Así, destruir nuestros preconceptos, nuestras ideas, nuestras creencias incluso revisar nuestras propias costumbres y cultura no daña ni un ápice nuestra identidad. Más bien podríamos decir que dicha revisión la fortalece.

Abandonar nuestros propios paradigmas nos enriquece porque significa que hemos encontrado alguno mejor. *"Estas son mis ideas, y si no les gusta, se las cambio por otras"*, nos decía el genial Groucho Marx. En esa genialidad reside la respuesta. Yo "seré", aun a sabiendas que puedo cambiar mis perspectivas si con ello facilito mi coexistencia con el otro o conmigo mismo. Destruir, pues, cuanto era para ser un ser nuevo, diferente, despierto. A cada pensamiento férreo que destruyamos de nosotros mismos, estamos sacudiendo nuestra alma para un futuro despertar. A cada vínculo que nos ate a cualquier cosa que podamos devastar, estaremos construyendo una nueva forma, una nueva plataforma, un despertador que nos ha de alertar en los momentos de sueño.

La Estructura designa como está dispuesta la sociedad. El todo social se sostiene gracias a las relaciones constantes existentes entre sus partes. Todas sus partes o aspectos hacen de la Estructura un todo pluridimensional. Esta interconexión hace que cualquier cambio que se articule dentro de una de sus relaciones o dimensiones, afecte al resto de sus partes, pero siempre asegurando la persistencia fundamental del todo. De ahí que cualquier perspectiva de cambio o destrucción de la propia Estructura no sea más que una suposición inútil y de fracaso. El cambio es posible, pero solo será relativo y dentro de un marco de referencia que no será muy diferente del que ya poseemos. Habrá cambios, pero dentro de un orden. De ahí el fracaso de las políticas revolucionarias y de la angustia natural de aquellos que aspiran al cambio total o la destrucción total de la Estructura establecida. No obstante, podemos cambiar de paradigma, de visión, y aspirar a la transformación radical de la Estructura mediante el cambio constante de sus miembros.

Como vemos en el anexo cinco, el recurso metafísico para alejarnos de la Estructura es la búsqueda constante del alma y del ser más allá de la materia. Sin embargo, existe un trasfondo político dentro de esta búsqueda. Pues, no sintiéndonos satisfechos por la vida material que llevamos, nuestro recurso será buscar la libertad en otro lugar, en otra parte, lejos de esta Estructura que nos oprime, con el fin de cercar el ideal en el que creemos. La palabra libertad se articula de forma desesperada ante tal insatisfacción y nace, casi de forma inmediata, todo tipo de discurso sobre ella ya que hablar de libertad es acercarnos a la verdadera tragedia del ser humano.

Existe un culto, casi una religión diríamos, en torno a la libertad. El ser que se cree rebelde la utiliza con extrema facilidad, pero también con extrema delicadeza. Cada uno la interpreta a su manera. Personas como Kropotkin entienden que la verdadera libertad es alcanzada gracias a la solidaridad y el apoyo mutuo que los seres han de manifestar de forma espontánea unos con los otros. La ayuda recíproca sería el medio ideal para alcanzar la satisfacción plena y conservar así una posición privilegiada con respecto a las asperezas de la Estructura. Esta postura o idea contradice exageradamente a las ideas y creencias que mantenemos en la actualidad. Pero, ¿es mejor este paradigma que el que poseemos? Y si lo fuera, ¿estaríamos dispuestos a abandonar el nuestro y nuestra identidad para abrazar uno nuevo y supuestamente mejor?

Pensamientos parecidos, aunque con una visión diferente, ofrecen los socialistas, o dentro del socialismo, la corriente llamada fabiana, la cual alega a favor de la fraternidad socialista y la evolución, que no la revolución, hacia esa sociedad ideal. En contraposición, personajes como Gramsci abogaban por la revolución social como práctica política. La dialéctica marxista desarrolla la idea de una sociedad en la que pudiera tener cabida una organización socialista y una libertad cultural administrada mediante la praxis, es decir, la teoría puesta en acción. Los anarcoindividualistas, por su parte, prefieren creer que la verdadera revolución, la verdadera libertad, empieza por uno mismo, en nuestras conciencias. También los liberales, y por qué no, los conservadores, tienen su propia visión sobre el mundo ideal. La revolución liberal y la revolución burguesa terminaron con la Edad Modera y dio paso a la Edad Contemporánea. Sin duda en esas épocas hubo una revolución, un cambio en las relaciones sociales. Pero a pesar de todas estas revoluciones, las de unos y otros, la conclusión actual es que solo podemos modificar el Orden establecido si modificamos nuestro orden interior.

Vemos como todas las ideas hacen acopio de la palabra libertad de una u otra forma, viéndose el individuo rebelde enmarcado en alguna de las corrientes que engloban las partes subversivas del sistema. La acción social se delimita dentro del ideal de la libertad frente a un sistema regulador y esclavizante, no pensando el camino, sino andando en el camino. La Estructura en la que nos desenvolvemos resulta incómoda, injusta e imperfecta. Existe la posibilidad real de poder transformar nuestra realidad vigente y condicionada por otro modelo distinto al conocido. La sociedad en la que vivimos inmersos de forma autómata y definida se desarrolla y sustenta mediante una tecnología, unas costumbres y una circunstancias que condicionan todo el abanico de posibilidades.

El paso de una sociedad real a una sociedad ideal no podría ser posible si no fuéramos capaces de modificar nuestros condicionamientos individuales, y no solo los colectivos, como pretenden algunas revoluciones. Ante este apunte, nunca deberemos olvidar que la sociedad ideal con la que muchos soñamos, no será exenta de Estructura condicionante. Otra paradoja.

CAPÍTULO 9
LA IMPOTENCIA REBELDE
LA SOCIEDAD COMO TEATRO

"Cuando se lucha contra monstruos hay que tener cuidado de no convertirse en monstruo uno mismo. Si hundes largo tiempo tu mirada en el abismo, el abismo acaba por penetrar en ti". Friedrich Nietzsche

Existe, como vemos, cierta impotencia del ser a la hora de abordar la libertad humana. La sociedad está llena de determinantes. Libertad, salvando las diferencias subjetivas que todos tenemos acerca de este concepto, podríamos decir que es nuestra capacidad de elección y nuestra capacidad de poder llevar a término esta elección nacida de una convicción y certeza interior. La sociedad, con sus sistemas y su estructura, es la encargada de coaccionar e impedir el libre provecho de nuestra capacidad de elección, en definitiva, nuestra capacidad de ser libres.

Capas y capas de condicionantes, como ya hemos dicho, nos impiden crecer como individuos libres. Condicionantes que empiezan en la cuna, que luego se trasladan a la mesa, a la comida, desde muy pequeñitos. En los miedos que nos inculcan para protegernos y redirigir nuestra curiosidad, nuestras ganas de aprender y de hacer cosas. En la educación cuando nos inculcan valores y dogmas que no han sido revisados ni son críticos con la propia realidad. Y en nuestras relaciones sociales con los otros, con lo que los otros esperan de nosotros, en nuestros ámbitos laborables, en nuestro rol, en nuestra educación, en esos detalles insignificantes que determinan si somos de una clase u otra. La forma de vestir, la forma de coger una taza en un lugar público, la forma de llevar los flecos de una camisa, la forma de abrir o cerrar una puerta ante los demás. Un mundo de códigos que nace para clasificarnos, para situarnos, consciente o inconscientemente en las relaciones de poder. En definitiva, un mundo de restricciones, de prisiones, de grilletes que nos amarran y nos condicionan constantemente.

Aun así, la realidad de la libertad se alimenta de su posibilidad, y en tanto sea posible, pueden existir mecanismos que salten los controles y aproximen las esperanzas. Momentos de lucidez que nos hagan conectar con esa esencia que somos, con ese lugar utópico que está dentro de nosotros y que nos aproxima a nuestros ideales más profundos, nuestros anhelos, nuestra necesidad de conquista interior. A esa visión clara y rotunda de lo que queremos ser, sea lo que sea, y no de aquello que nos dicen que seamos.

Podríamos pensar, como ya decíamos en capítulos anteriores, en la agitación como provocadora del cambio, como pequeñas sacudidas que llaman nuestra atención, una agitación interna que empieza por nosotros mismos y que se transmite a los demás. La suma de los cambios originados en nosotros puede derivar en pequeñas rebeliones, y una o dos o más rebeliones continuadas pueden llegar a desembocar en una revolución, y de nuevo, tras la explosión necesaria, y a consecuencia de la fuerza que la Estructura ejerce sobre el todo, vuelta al eterno retorno y vuelta a la reproducción de las normas y elementos esenciales de la vida en sociedad. La impotencia deriva de este hecho: se puede ser rebelde, se puede incluso producir cambios en la sociedad, pero la consecuencia a medio o largo plazo, de no estar bien alerta, bien en nuestro centro, será la vuelta a la normalidad Estructural. Por lo tanto, el sistema siempre reproduce los mismos patrones y las mismas formas de relacionarse, formas de dominio, formas de coacción y formas de controles que regulan la buena marcha de la máquina social.

El comportamiento discordante en la sociedad siempre producirá mecanismos de control y sanción, ya sean jurídicos o psicológicos. Las acciones y las reacciones de los individuos dentro de cualquier esquema social siempre serán producidas y reproducidas, una y otra vez, según los patrones existentes. Por lo tanto, nuestra intervención en la sociedad es limitada, y la influencia que podamos ejercer siempre será en pro a la consolidación de la Estructura, ya sea mediante la reproducción biológica, emocional o intelectual. Los límites que produce la tutela social están estrechamente enredados en esa gran madeja llamada Estructura de la cual es casi imposible prescindir.

Es por ello que el ser rebelde se enfrenta no solo a sí mismo, sino a la tutela de todas las instituciones que durante años, de forma familiar, jurídica, educacional, política o económica, han hecho de un ser bueno, un ser mejor. El ser rebelde es consciente de esa lucha, de esas líneas de fuerza que atraen hacia sí mismas a los individuos. Es consciente, a la vez, del gran teatro formado por esas fuerzas, de la gran falsa que envuelve a todo el mecanismo y que de alguna forma le atrapa a cual maya o ilusión.

Esa gran masa de incomodidades, de certezas, hace de su lucha una continua tragedia y un continuo abanico de impotencias. La renuncia, la traición a nosotros mismos, la falta de propósito y osadía, son fuerzas que juegan a favor de la Estructura. El cansancio y el desgaste anulan cualquier posibilidad de éxito. El miedo, siempre el miedo aterrador el cambio radical, a volver a empezar desde la nada es algo que nos paraliza y nos anula, resultando imposible continuar con la senda que sentimos en nuestro interior y que nos guía hacia una nueva experiencia, hacia un nuevo presente. A veces es tan fuerte esa llamada de cambio y ese entusiasmo lúcido que su misma fuerza nos acerca hacia el abismo de la incerteza.

De ahí la extrema importancia de estar alertas, de entrenarnos para sentir dentro de nosotros nuestros propósitos y valores con firmeza, para acercarnos a ese estado meditativo que nos aproxima a la sabiduría y nos aleja de la mentira y la crítica que se vierte irremediablemente sobre nosotros como control social.

Buda, un revolucionario de su tiempo, decía que debíamos buscar refugio y verdad dentro de nosotros mismos. Lo expresó de forma sabia diciendo lo siguiente:

"No aceptéis nada que os llegue por mero testimonio. No aceptéis nada por mera tradición. No aceptéis nada por meros rumores. No aceptéis nada por mera suposición. No aceptéis nada por mera inferencia. No aceptéis nada por la mera consideración de las razones. No aceptéis nada porque meramente concuerde con vuestros conceptos preconcebidos. No aceptéis nada porque parezca aceptable. No aceptéis nada porque penséis que el asceta que lo dice es respetable para vosotros.

Pero cuando sepáis por vosotros mismos que estas cosas son inmorales, que estas cosas son condenables, que estas cosas son censurables por lo sabios, que estas cosas, cuando se emprenden y llevan a cabo, conducen a la ruina y al dolor, entonces, en verdad, rechazadlas.

Cuando sepáis por vosotros mismos que estas cosas son morales, que estas cosas no son condenables, que estas cosas son ensalzadas por los sabios, que estas cosas, cuando se emprenden y se llevan a cabo, conducen al bienestar y a la felicidad, entonces vivid y actuad de acuerdo con ellas".

Quizás esta sea una buena fórmula para alejarnos de la teatralidad y la falsedad social, y de paso, dejar atrás la impotencia rebelde ante tal magnitud de secuencias y escenarios. De paso, acercarnos a la experimentación del verdadero rostro de la existencia, viendo las cosas tal y como son, contemplando un árbol tal como es, sin catalogarlo, sin clasificarlo, sin juzgarlo. Así con todas las cosas, observando la pureza de todo cuanto percibimos, sin distorsiones ni interferencias ni resistencias. Buceando con esa claridad en nuestro interior y despertar al mundo real alejado de la codicia, de los celos y la envidia. Dejando atrás el apego de las cosas y abrazando la experiencia que nos ha de llevar hacia la visión penetrante de todo cuanto existe, de todo cuanto es.

CAPÍTULO 10
LA TRAGEDIA

> *"¿Qué serás cuando fueres*
> *En la noche y al fin del camino?*
> *Coge las flores mas suéltalas*
> *Apenas tú las mires.*
> *Siéntate al sol. Abdica.*
> *Y sé rey de ti mismo".*

F. Pessoa. *No tengas nada en las manos.* Fragmento.

Las ideas, la mayoría de las veces, nacen de necesidades inherentes en nosotros mismos. También las emociones y las acciones. En contadas ocasiones, en un intento desesperado por dar explicación a nuestra tragedia, surgen voces que nos abruman por su poesía, por su elevado pensamiento, por su acción irreductible. Curioso es observar como muchas de las grandes obras nacieron en momentos extremos, de continua escasez, dolor o amargura. Poetas y dramaturgos entienden bien de ese desequilibrio y obstinación. A veces, sus mejores obras vieron la luz en lo peor de sus vidas, en ese momento crucial en el que la locura de lo cotidiano les hizo pensar y vivir de forma sencilla y a su vez, genial, casi rebelde, única e irreductible. Erasmo nos habla de esa sencillez tranquila en su *"Elogio a la locura"*. Una locura que se aleja de lo aparentemente normal y de lo aceptado por la mayoría.

Sus manías y sufrimientos sirvieron de luz para una humanidad carente de ella. Sus obsesiones, casi enfermizas, mezcladas por esa genial impostura que les hace diferentes, nos dotaron de ideas brillantes y necesarias. Ortega y Gasset, en sus *"Estudios sobre el amor"*, nos dice: *"Casi todos los grandes hombres han sido maniáticos, solo que las consecuencias de su manía, de su idea fija, nos parecen útiles o estimables. Cuando preguntaban a Newton cómo había podido descubrir su sistema mecánico del universo, respondió: Nocte dieque incubando (pensando en ello día y noche). Esta es una declaración de obseso".* La misma teoría kantiana del genio se expresa en la doctrina de la inspiración como locura divina, casi irracional. Incluso psiquiatras como Cesare Nombroso, defienden la íntima relación entre locura y genialidad, la llamada "teoría patológica del genio", la cual puede llegar incluso a cierta degeneración. Por otro lado, la concepción romántica siempre nos habla de características tan peculiares como su tremenda afirmación en la soledad, la infelicidad y la melancolía del genio.

Tenemos el ejemplo de Nietzsche, el cual, amargado y desolado, acabó loco de remate en un manicomio plagado de esquizofrenia. Pensando en él y en tantos otros, ¿habrá que ser un poco locos para ser verdaderos genios, verdaderos rebeldes? La rebeldía, solo puede ser entendida desde cierta genialidad, desde cierto grado de anormalidad y locura, pero no de una locura involuntaria, sino de esa otra locura, la voluntaria, la buscada en los arrebatos y los suspiros del alma, sombra del espíritu que mueve todas las cosas.

Ya nos decía Demócrito que solo en estado de delirio puede componerse gran poesía. Solo en ese estado de endiosamiento o posesión demoníaca —dependiendo de si el ente posesivo es dios o demonio— se pueden crear las más grandes ideas y acciones. El talento, por su anormalidad, o es divino o demoníaco, pero nunca humano. Y esa carencia de humanidad, esa deshumanizada trastienda de genialidades, hace de la luz clara, una ceguera continua para el común de los mortales. La oscuridad brillante en la que nos movemos necesita de la luz de los genios.

No existe luz sin oscuridad. El mayor de los fracasos del mítico Mefistófeles es la tragicomedia de haber alcanzado el éxito en cuanto a lograr que las grandes masas dejen de considerar a Dios en el centro de todas las cosas. La secularización ha sido un éxito aparente en cuanto a la manera de aproximarnos al infinito, pero esta se ha dirigido en dos sentidos, siendo esto motivo del desprecio que la misma masa ha sentido por el compañero de Fausto, porque si no existe Dios, tampoco Diablo.

Este doble desprecio ha provocado un proceso de pérdida de valores a cambio de una subordinación total al progreso, la revolución científica e industrial, presuponiendo una perdida total de cuanto somos si estas conquistas no van acompañadas de ciertos y necesarios valores humanos. Si Dios no existe y Marx ha muerto, es normal que no nos sintamos nada bien, porque ambas figuras representaban simbólicamente nuestra realidad más abstracta, nuestras aspiraciones más valiosas y profundas. Por lo tanto, y siguiendo con el pobre diablo de Goethe, parece casi normal que seamos parte de esa fuerza que eternamente desea el mal y eternamente obra el bien, o más bien diríamos todo lo contrario, porque en este carnaval de máscaras, todo ha quedado invertido.

Profetas, salvadores, revoluciones y levantamientos, iluminados, sabios, artistas, genios, científicos, pensadores, etc. Existe una gran lista de personajes carismáticos y de movimientos que fueron creados en ese caldo de cultivo que es la necesidad y el dolor, la angustia y el sufrimiento. La rebelión puede ser la causa final de toda esa angustia acumulada. Ese romper con la Estructura, hasta ahora definida, puede resultar la brecha que abre el camino hacia un futuro mejor.

El instinto de superación irrumpe de forma extraordinaria en la vida de las personas y las sociedades. Grandes ideologías o movimientos vanguardistas nacieron en épocas difíciles. Y la nuestra, que no sería muy diferente a las de antaño, vive en una de sus peores etapas: la de la ceguera, el ensueño y el tedio del bienestar de unos, *"esa parte tan loca y ridícula que no se la puede nombrar sin echarse a reír"*, como diría Erasmo, versus la extrema pobreza y aniquilamiento de otros.

La ceguera de nuestro tiempo, que no difiere mucho de la ceguera moral de antiguas etapas, se matiza, sin embargo, por cierta claridad intelectual y material que nos abruma. Los conflictos se han intelectualizado y materializado de tal forma que todo parece sacado de una chistera razonadamente ambigua y mágicamente explicable. Estamos tan podridos por dentro que cualquier atisbo de cosa sana nos parece repudiable. Estamos tan empachados de conocimiento, que no de comprensión, que cualquier cosa, por terrible que parezca, forma parte del orden normalizado. Todo puede medirse y nombrarse, incluso los daños colaterales.

La sabiduría de nuestro tiempo ha hecho aumentar el vértigo hacia lo desconocido. La muerte nos atormenta como en todas las épocas, pero ahora, de forma capitalista, la vemos como una imposición de la naturaleza inquisidora, dispuesta a arrebatarnos todo lo que hasta ahora habíamos conseguido y acumulado. Los grandes avances aumentan más, si cabe, los grandes interrogantes de siempre, pero los maquillamos y los ignoramos. En cierta forma, hemos aprendido a subyugar parte de la naturaleza que desde épocas remotas nos ha persuadido y dominado. Hemos lanzado nuestras inquietudes a la búsqueda de mejoras en la salud y los alimentos, y en esa vertiginosa captura del bienestar, nos hemos complicado la existencia hasta el punto de que ya no sabemos como parar la máquina que ahora, de forma artificial, empieza a avasallarnos. Solo se nos ocurre engrasarla para que corra más, para que produzca más, para que satisfaga más. Es la paradoja del sistema capitalista. Es algo que no se puede detener, que no puede dejar de producir. Es un sistema que solo puede crecer y crecer hasta el infinito para sobrevivir.

El léxico en el que nos movemos empieza a parecernos una lengua extraña y artificial que apenas podemos entender. Nuestra percepción semántica se vivifica con experiencias virtuales que nos alejan de la realidad o, pensándolo de otra manera, creando otra realidad paralela. Los contrastes artificiosos empiezan a crear duda, y la duda, desconcierto. El tener se apodera diabólicamente de nuestro ser y de nuestro hacer, incumpliendo con ello nuestro principio ético del saber vivir. Hay un futuro esperanzador que nos incita a consumir experiencias y no cosas, pero es algo que está por llegar.

Esta antinomia indomable nos desequilibra de forma atónita, sin saber a ciencia cierta dónde empezó su principio y dónde, a mal que nos pese, encontraremos su fin. "*Confiemos / en que no será verdad / nada de lo que sabemos*", nos decía con eterna gratitud el sabio Machado. Es esa confianza ciega en la sombría carga de nuestro conocimiento, la que nos nubla la vista miope con la que miramos al mundo. Nuestra aproximación a la vida se aleja tanto de sus propósitos que, valga la redundancia mística, vivimos por no vivir en ella. Ya no sabemos mirar a las estrellas e inquietarnos ante su misterio. El desafío sigue siendo lo finito, el cúmulo de cosas, de riquezas inservibles excepto para la vanidad y el orgullo.

Un ser humano normal, con sus prejuicios morales, con trabajo asalariado y con montones de facturas por pagar, sería incapaz de sobrevivir más de dos días sin su cepillo de dientes y un buen trozo de papel higiénico para tener el trasero bien aseado. Su forma de encauzar su desilusión individual la supera gracias al fútbol, a las fiestas de Carnaval o de Hallowen, en los rituales sociales de conversión en los que la normalidad se invierte, sirviendo de válvula de escape para las frustraciones y resentimientos propios de nuestra cultura. Una buena dosis de sexo televisivo acompañado de todo tipo de drogas servirá para mantenernos en la ensoñación.

Por sí solo, no sería capaz de sobrevivir a sí mismo, de superar sus traumas, sus necesidades, su carácter. Apenas podría dotar de impulso toda esa necesaria carga social en la que está sumido, incluido de forma automática, desprovisto de todo mecanismo de defensa que no sea su propia interrelación con los demás.

Las necesidades de cualquier tipo se han tornado tan complejas, que las más básicas han quedado en un segundo término, casi reducidas a la mínima expresión, por no decir anuladas. Ahora, otras necesidades se nos presentan como necesarias e imprescindibles, quizás más complejas, pero siempre infinitas. Freud, en *Tótem y Tabú*, nos dice: *"Sería erróneo suponer que los hombres se vieron impulsados a la creación de sus primeros sistemas cósmicos por una pura curiosidad intelectual, por la sola ansia de saber. La necesidad práctica de someter al mundo debió de participar, indudablemente, en estos esfuerzos. Así, pues, no nos sorprende averiguar que el sistema animista aparece acompañado de una serie de indicaciones sobre la forma en que debemos comportarnos para dominar a los hombres, a los animales y a las cosas; o mejor dicho, a los espíritus de los hombres, de los animales y de las cosas"*.

Es esa necesidad práctica, esa necesidad infinita y, por lo tanto, imposible de satisfacer, la que impulsa al humano a viajar a las estrellas e inventar el remedio contra la viruela. Por desgracia, también a convertirse en un virus mortal para el planeta y en una plaga expansiva.

A diferencia de la cosmovisión finita de las cosas que podemos llegar a tener en un mundo rural o en un mundo tecnológicamente menos complicado, en el nuestro, en el mundo de las redes y los manuales, en la sociedad del formato y la *jihad* contra los que no sean como nosotros, nuestras necesidades se nos presentan infinitas y arbitrarias. Quizás lo peor es que, como decía Bourdieu, todo este orden de cosas acaba pareciéndonos natural. Gramsci, un poco antes, lo llamó hegemonía. El humano-masa es un conjunto moldeable a los intereses hegemónicos, y la levadura del tener los mantiene cohesionados y unidos en ese horno que es el materialismo.

A pesar de la inquietante travesía por este moderno desierto hegemónico, muchos seguimos preguntándonos dónde están los genios y dónde reside la locura que nos permita reaccionar a tiempo, de forma rebelde, ante dicha tragedia.

Pero, ¿qué tragedia? Nos preguntaremos aún, como si las pequeñas tragedias cotidianas y las internacionalizadas tragedias mundiales no nos bastaran. La misma tragedia de ser, de vivir, de convivir en el más amplio sentido, sin saber o sin poder hacerlo de la mejor forma posible, cayendo irremediablemente en la dislocada ficción del suicidio moral y filosófico y en la falta inevitable de valores elevados y solidarios. La tragedia de no poder morir de la forma que mejor se me ocurre: sonriendo. La tragedia de ser esclavos de esta Estructura madre nuestra que amamos y odiamos porque sin entenderla, la servimos, y sin quererla, la reproducimos.

Para Camus, la mayor cuestión filosófica era sin duda el problema del suicidio, esa pelea absurda que el humano mantiene contra la vida ante la falta o ausencia de sentido. Sin embargo, no es el suicidio la solución al problema, pues, como bien apuntaba el filósofo, el mundo permanece, y la Estructura con él. Pero sí deberíamos considerar el suicidio de dicha Estructura antes de que la plaga en la que nos estamos convirtiendo aniquile definitivamente la vida tal y como la conocemos hoy día.

Nuestra mayor tragedia, en definitiva, es la de no saber dirigir nuestros pasos hacia ese utópico lugar donde la vida, en su más exponencial plenitud, nos transmite la confianza necesaria para estar en ella, sin huir de ella. No acompañemos a Mafalda exclamando ese *"¡paren el mundo que yo me bajo!"* O a Baudelaire que, a la pregunta sobre dónde prefería vivir, según nos cita Ortega y Gasset, siempre respondía, en esa visión trágica del destino humano, su: *"En cualquier parte, en cualquier parte… ¡con tal que sea fuera del mundo!"* Esta visión nos aproxima a esa perpleja necesidad de huida hacia fuera de nosotros, incluso más allá del mundo trágico que nos ha tocado vivir.

El antiguo misticismo, a diferencia de las corrientes racionales que intentan, desde y para el mundo, entenderlo y transformarlo, sugiere una rápida huida hacia las moradas divinas, siempre más amplias y perfectas, que nos revelen no solo el mejor de los caminos, sino la intuición necesaria para abordarlo. El nuevo misticismo intenta, sin embargo, perfeccionar el ego individual para colectivizar los beneficios de su trabajo. Presiona para alejarse de la figura del *arhat*, aquel que busca su iluminación, y aproximarse más a la figura del *bodhisattva*, aquel que renuncia a su iluminación hasta que el último ser humano consiga alcanzar su propia luz. La cooperación y el apoyo mutuo triunfan en la visión de una nueva cultura ética, donde el otro es tan o más importante que uno mismo.

Pero ese salir místico de nuestro mundo tangible, esa huida desesperada fuera de sus formas, no nos ayuda a delimitar nuestra felicidad y construir con nuestras libertades un lugar cómodo donde vivir y convivir. A no ser que la huida venga precedida por un retorno lúcido, que aporte mayor grado de fortaleza interna y un endiosamiento propio de pitagóricos.

Según estos, la dificultad de lo humano son las infinitas necesidades de nuestro cuerpo, las cuales nos sujetan de forma subterránea al mundo finito. El cuerpo es una tumba para el alma, un *soma sema*, de la cual hay que liberarse, superarla, pero sin perderla. Para ello es necesaria cierta lucidez, un estado previo del alma, que es el entusiasmo, es decir, tener un dios dentro de sí, según los griegos, o lo que es lo mismo, el endiosamiento. Porque solo los entusiastas poseen esa fuerza y sabiduría necesaria para transformar cualquier situación. Solo mediante el entusiasmo es posible transformar la naturaleza que nos rodea, y por añadidura, la Estructura. Así se llega a una vida completamente autónoma, autosuficiente, no ligada a las necesidades infinitas de nuestro cuerpo. El humano que esto consigue se convierte en un verdadero sabio, en un verdadero conocedor, en un *sophos* capaz de ayudar a otros humanos.

No hay que confundir optimismo con entusiasmo. El primero es una esperanza, una creencia de algo mejor, en cambio, el entusiasta, como buen rebelde, es acción en movimiento, es decir, trabaja constantemente, con entusiasmo, en crear en nuestro presente y en nuestro ahora inmediato la acción necesaria para crear esa nueva realidad. Conecta su *Soma* griego con su *Psique*, con su Alma, y esta, con su *Nous*, con la inteligencia absoluta, con el Espíritu. Y en esa triada se mueve fuerte, porque ya no soporta las dictaduras de ninguna Estructura.

Antes de la tragedia, debemos pensar en todo esto. Antes de que el orden de las cosas nos increpe contra nuestra voluntad, debemos discernir, superando todo azar, entre lo que realmente nos importa y lo que realmente nos encadena. Y ese camino solo es posible desde el autoconocimiento, el encuentro con uno mismo venido a más gracias a la escucha activa con nuestra voz interior.

En el prefacio de *"Genealogía de la moral"*, Nietzsche nos increpa diciendo: *"No nos conocemos a nosotros mismos, nosotros los conocedores. Pero esto tiene su razón de ser. Si nunca nos hemos buscado, ¿cómo íbamos a poder encontrarnos algún día? Con razón se ha dicho: "dónde está vuestro tesoro, allí está también vuestro corazón"; nuestro tesoro está donde se hallan las colmenas de nuestro conocimiento. Estamos siempre de camino hacia allí, como animales dotados de alas desde su nacimiento y colectores de la miel del espíritu, y en realidad es una sola cosa la que íntimamente nos preocupa: "traer algo a casa". En lo que se refiere al resto de la vida, a lo que se ha dado en llamar "vivencias", ¿quién de nosotros tiene siquiera la seriedad suficiente para ello?, ¿o el tiempo suficiente? En esas cosas, mucho me temo, nunca hemos puesto realmente "los cinco sentidos": no tenemos el corazón en ellas, ¡ni siquiera les prestamos oído! Más bien, al igual que alguien que estaba divinamente distraído y totalmente ensimismado vuelve de un golpe a la realidad cuando truenan en sus oídos con toda su fuerza las doce campanadas del mediodía, y se pregunta "¿qué estruendo es ese?", así también nosotros nos frotamos las orejas después y preguntamos, atónitos y con-*

mocionados, "¿qué acabamos de experimentar realmente?, más aún: ¿quiénes somos realmente?", y contamos — después, como acabamos de decir — cada una de las doce trémulas campanadas de nuestra vivencia, de nuestra vida, de nuestro ser, pero ¡ay!, perdemos la cuenta... Permanecemos necesariamente ajenos a nosotros mismos, no nos comprendemos, tenemos que confundirnos, para nosotros reza la frase eternamente: "De nadie estamos más lejos que de nosotros mismos", no somos "conocedores" de nosotros mismos..."

La verdadera tragedia es alejarnos de nosotros mismos, apartarnos de la luz de nuestra verdadera esencia, desprendernos de nuestra condición humana y sentirnos así derrotados.

CAPÍTULO 11
NO HAY TAL LUGAR

"Todos elegimos lo que deseamos ser. Nadie nos empuja ni obliga. Podemos embaucarnos a nosotros mismos pensando que es así, pero no lo es. El mismo viento que impulsa una nave contra las rocas pudo impulsarla hacia un refugio seguro. En pocas palabras, no es el viento, sino la colocación de las velas. Un hombre que niega esta verdad es un débil que desea echarle la culpa a otros por el rumbo de su vida". Capitanes y reyes, de Taylor Caldwell.

El conocimiento de uno mismo implica noción de la Estructura, porque el verdadero saber es como un respirar constante y continuo entre lo de fuera y lo de dentro. Existen ciertas ideas algo rancias sobre el poder, la Estructura y la organización social, sobre el sistema capitalista dominado por una burguesía que camufla sus hilos en forma de instituciones democráticas pero que, de igual o mayor forma, instruyen las pautas de su dominio. No quiero con ello negar esta realidad, pero sí quiero que maduren las ideas con respecto a la época que nos ha tocado vivir. Si bien esta concepción del mundo fue certera y necesaria para siglos pasados, ahora, el campo de batalla parece ser otro. No podemos tirarnos toda la vida popularizando ideas revolucionarias que no conducen más que al descrédito sin afrontar de lleno la realidad que nos envuelve. No podemos culpar al otro constantemente pensando que todo nuestro sufrimiento, todo lo que nos ocurre y encadena, es producto de todas las fuerzas que confluyen ajenas a nosotros mismos. Porque ocurre exactamente todo lo contrario.

No existe, como se encargaron de demostrar los científicos en siglos pasados, la generación espontánea. Y tampoco existe, en nuestros días, una revolución lo suficientemente importante como para acabar con todas las injusticias del mundo, a no ser que se abrieran los cielos y bajara de su trono el mismísimo Dios con diez nuevos y renovados mandamientos. De aquí nadie morirá sin haber vivido en algún momento alguna injusticia o desorden que, de vivir en una sociedad idílica, se hubiera podido minimizar. Pero entendemos que esa sociedad idílica no existirá mientras la humanidad sea la que es. Por lo tanto, hoy por hoy, "no hay tal lugar", no hay utopía, excepto en terrenos baldíos plagados de excentricismo o tachados de imposibles. La sociedad civil está muerta y duerme. De igual forma que admitimos que no somos del todo bestias, también debemos admitir que no somos unos asexuales angelitos que pululan felizmente por la Tierra. Como humanos, y dentro de nuestra condición imperfecta, debemos actuar de la mejor forma posible sin olvidar que la sociedad en la que vivimos es puro reflejo de lo que somos. *"Puedo establecer una regla para toda la humanidad con nuestras obligaciones en las relaciones humanas"*, nos decía Séneca en su *Epistolae Morale* hace la friolera de dos mil años, *"todo lo que se percibe es uno y nosotros somos partes de ese gran cuerpo. La naturaleza nos crea en estrecha relación unos con otros, ya que provenimos de la misma fuente y tenemos el mismo fin. Hace engendrar en nosotros un sentimiento mutuo y nos hace proclives a las relaciones de amistad. Dejemos que este verso (de Terencio) esté siempre en nuestro corazón y en nuestros labios: Homo sum; humani nihil a me alienum puto (Soy un hombre; nada de lo humano lo puedo considerar ajeno a mí)"*.

Esa humanidad, ese círculo que somos nosotros mismos y que no podemos atravesar más que en terribles ocasiones de animalidad y hermosos momentos de inspiración angélica, es el círculo que nos hace humanos y que debemos experimentar. Salir del círculo es salir de nosotros mismos, huir de nosotros mismos, traicionarnos a nosotros mismos. Y dentro de ese círculo, dentro de nuestra humanidad, existen tres vértices importantes que nos afectan de diferente forma, como ya hemos visto: el trabajo (con la limitación tiempo), la tierra (con la limitación espacio) y la libertad (con la limitación del orden social). Nuestra insurrección, pues, versará en esos vértices, entendiendo que la Estructura y su complejidad jamás permitirá rebeldía alguna.

La realidad no puede obviar las desgracias que tan comunes se han vuelto a nuestros ojos, tales como el hambre en el tercer mundo o las guerras étnicas por un trozo de tierra. El territorio y el trabajo son problemas extensos de los que derivan prácticamente todos los demás y delimita, en última instancia, nuestra propia libertad. Ya lo hemos dicho. Son las caras de una misma moneda donde la civilización, tal y como la entendemos hoy día, se regodea intentando salvar sus contradicciones. Los medios de producción incluyen la tierra y el trabajo, pero también la tecnología y el capital, administrando de forma gradual nuestro tiempo y, con ello, prácticamente toda nuestra vida, nuestra libertad. Estos factores determinan la escasez o la opulencia con la que nos podemos enfrentar al mundo y sus/ nuestras necesidades.

La gran contradicción de nuestra sociedad occidental, esa que la diferencia de las sociedades basadas en economías de subsistencia, es que necesita del consumismo para poder mantenerse en unos niveles mínimos. Es requisito previo que el desayuno de cualquier individuo, por poner un ejemplo absurdo, no solo exista, sino que se multiplique y se llene de mermelada, de zumos de naranja, galletas, café, tostadas, y, a poder ser, arroz con leche y un toque de canela. El individuo nunca será consciente de que esa canela, añadida a última hora de una mañana cualquiera de su vida común, ha sido cultivada y ha seguido un riguroso tratamiento hasta llegar a sus manos. O que el arroz, sumergido bajo la canela que está sobre su mesa, ha sido sustraído de plantones en Sulawesi, Indonesia, o trillado, para separar el grano de la espiga, en algún campo de Bangladesh. Si cualquiera, en un arrebato de misticismo o sencillez, decidiera obviar el arroz en su mesa y cientos de personas repitieran la misma acción, ¿qué sería de las mujeres y los hombres que hasta ese momento hacían de sus vidas un laborioso trabajo para alimentar al consumidor occidental? La producción, la distribución y el consumo de los recursos se ven organizados de tal forma que, tanto unos como otros, resultan imprescindibles a pesar de serlo en un estado injusto. Estado que esclaviza a unos para, "en teoría", dar más libertad a otros.

El problema no resulta tanto de nuestra, en teoría, libertad, sino que, para conseguirla, otros se ven doblegados a una cierta esclavitud socialmente aceptada. Para la economía capitalista mundial, o la globalización, como también se la conoce, la obtención de beneficios es un motivo esencial en esa contradicción económica que deriva de nuestras necesidades infinitas y nuestros recursos limitados. La oferta de la ley y la demanda estipula que cuanto más escasas son las cosas, más cuestan y mayor es el número de personas que las desean. La paradoja, de la que ya hemos hablado -pero hay que repetirla para que se grabe o se agite en nuestra Psique-, es que mientras en las sociedades capitalistas la obesidad empieza a tratarse como un problema social y una enfermedad que nos afecta de alguna u otra forma, en el resto del mundo, mueren precisamente por el efecto contrario: por hambre, hastío y falta de recursos.

Siendo justos, no debemos olvidar los grandes aciertos de la humanidad y el desarrollo de esas ideas que nos hacen vivir más y mejor. Desde nuestra cómoda posición, nos resultaría desgraciadamente engorroso tener que privarnos de esas comodidades de las que ahora disfrutamos con agradecida intención. Cosas tan ridículas como el papel higiénico o el agua caliente o el microondas o un buen libro nos resultan tan necesarias como imprescindibles. Todos tenemos nuestras pequeñas manías y alegatos, pero pocos estaríamos dispuestos a renunciar a muchas de estas cosas. Por eso, en cierta manera, no debemos decir que todo lo que tenemos está mal, sino, más bien, que lo que hemos conseguido, puede ser aún mejor (para todos).

Y mejor quiere decir más justo, más ecológico, más equilibrado, más solidario, más desarrollado, más tecnológicamente funcional, más sostenible. Mejor quiere decir buscar fórmulas -algunas deberán ser casi mágicas-, para que las injusticias sociales y mundiales desaparezcan alguna vez. Mejor significa encontrar esa rebeldía necesaria, ese entusiasmo, para provocar el cambio necesario, y ser consecuentes con el mismo.

Encontrar la armonía entre el ser y el tener es una tarea difícil. Los privilegiados queremos más, y los aún no privilegiados aspiraran a tener al menos algo. Pero si toda la humanidad adquiriera de repente las mismas cuotas del mal desarrollo del primer mundo, el caos y la catástrofe serían inminentes. ¿De donde sacaríamos los recursos necesarios para satisfacer la demanda mundial? ¿Qué sería del petróleo, de los alimentos, del agua potable y de todo lo que en proporción, sería descomunal compartir? Está claro que la ciencia y la humanidad tienen un gran reto por delante, y ese reto debería enmarcarse dentro de una rebeldía individual que afectara de igual modo a toda la colectividad humana. Si cada individuo se rebelase ante la injusticia, el cambio sería significante, productivo, increíble. Si centramos la rebeldía en cada ser particular, el común de la Estructura está obligada al cambio.

Para ello, se me ocurren dos caminos posibles, o quizás existan infinitos caminos pero dos direcciones claras. Una la que nos lleva hacia nosotros mismos y la otra la que nos aleja de nuestra luz interior. La primera nos obliga a profundizar en aquellas experiencias que nos han acercado a la miel del espíritu. Como decía Nietzsche, nos convertimos en colectores de ese conocimiento dulce y amable.

El otro camino es una tragedia. Nos obliga a alejarnos de nosotros mismos, a ser auténticos desconocidos ante la presencia de nuestra alma interior, de nuestra construcción infinita. Es normal que ocurra. Si nunca nos hemos buscado, ¿cómo íbamos a encontrarnos algún día?

La búsqueda interior siempre empieza con una llamada, como esas doce campanadas que retumban de repente al mediodía aproximándonos a una realidad que hasta entonces habíamos ignorado. Es un grito atronador en nuestro interior que sentimos con esa abrasadora fuerza, con esa claridad inusual. A partir de ese momento, el resto de la vida solo tiene sentido si las vivencias superan el deseo de volver a sentir ese mediodía. Necesitamos esa sed, esa hambruna que nos haga buscar en todas las flores de este nuevo jardín la miel brillante y transformadora.

Ante esa llamada hacia el interior nos toca recolocar las velas y adoptar la figura de capitán de un nuevo navío que desea zarpar hacia incógnitos mares. ¿Hacia donde nos conducirá ese viaje? Siempre dependerá de esa cuestión que tanto nos preocupa desde eones: traer algo a casa, como decía crítico Nietzsche. Pero, ¿quién tiene la osadía suficiente para olvidarse de ese algo efímero y lanzarse a la aventura con nuestros cinco sentidos? ¿Quién es capaz de dejar esa filosofía de la mañana, traslúcida y trasparente, para meterse de lleno en el mediodía de sus vidas a bucear en los oscuros océanos y contemplar desde cualquier isla desierta esos atardeceres imposibles? ¿Qué o quién nos puede alentar a seguir ese camino?

La vida sigue ahí, invocando sus misterios. Y nosotros seguimos aquí, sin conocernos a nosotros mismos, alejados de nosotros mismos, ajenos a nuestro sentir y verdadera vocación interior porque nunca dedicamos un ápice de tiempo y entusiasmo a pensar sobre nosotros, a dudar sobre nosotros, a escribir en un nuevo libro de sabiduría todo aquello que somos y queremos ser. La osadía que nace del autoconocimiento no deja dudas hacia el rumbo que debemos tomar. El otro, reflejo fiel del nosotros, nos espera para potenciar así la vivencia de la vida plena. El otro como escenario donde potenciar los valores que han de gobernar el futuro de la nueva vida. El otro como despertar hacia esa luz interior que nos lleva irremediablemente a contemplar al mundo desde la alianza y la versatilidad de lo posible. La cooperación y la cocreación nos espera en ese nuevo mundo que nace del conocimiento de nosotros mismos, los osados y atrevidos conocedores. De alguna forma tenemos la capacidad para convertir la utopía en eutopía y así transformar no solo nuestro mundo interior, también el mundo entero.

CAPÍTULO 12
EL ESPÍRITU
DE LA GLOBALIZACIÓN

"Es indispensable una forma esencialmente nueva de pensar: un pensamiento capaz de salvar a la masa de la humanidad de la era tecnológica de su creciente aridez, y de hacer de cada uno de nosotros un ser humano totalmente dispuesto a encarar los desafíos ante nosotros y a desempeñar el papel que nos corresponde debido a nuestra posición de poder y responsabilidad en el mundo". Aurelio Peccei, Presidente del Club de Roma

La Estructura de nuestra época, el Nuevo Orden Mundial que algunos reclaman para sí mismos, está impregnado por un espíritu fuerte y claro: el espíritu de la globalización. El rebelde se enfrenta a una estructura cada vez más perfeccionada y pulida, a un espíritu artificial que llega a todas partes y todo lo abraza. Se expande por el cielo, por la tierra y allende los mares. Pero hay algo peor que todo eso: se propaga por nosotros y lo interiorizamos de tal forma que resulta impensable desasociarnos de él. Somos parte de él, de alguna forma, somos partes indisolubles del mismo.

En este capítulo quiero emplear la palabra espíritu porque define a la perfección lo intangible de la Estructura a la que nos hemos referido en todo el ensayo. Espíritu, desde un punto de vista hegeliano, es decir, alejado de cualquier sistema espiritualista concreto. Lo espiritual, escribió Hegel, es la esencia, lo que existe en sí mismo. Así, entendemos "espíritu" de la globalización como perfil metafórico, especificado en determinadas manifestaciones culturales, políticas, artísticas, religiosas, o en determinadas disposiciones sociales y económicas. Hablar de espíritu es adentrarnos en terrenos pantanosos, pero deseosos para esclarecer nuestra posición ante su realidad, desnudar totalmente la Estructura de su coraza invisible.

Como ya hemos apuntado en páginas anteriores, existen dos nociones principales que atienden a lo que aquí damos por llamar la Estructura o al Espíritu de la Estructura. La primera es la que hace referencia al espíritu del pueblo, y la segunda, al espíritu de la época, es decir, a la Estructura Espacial y la Estructura Temporal, en cuya fusión o síntesis crea la Estructura Social, el Orden Social.

El espíritu del pueblo fue desarrollado por los estudios de Hegel sobre el *Volksgeist*, término usado ampliamente por los románticos alemanes. Con respecto al espíritu de la época o *Zeitgeist,* existen teorías elaboradas, sobre todo desde la disciplina filosófica, en la que se profundiza en el poder organizador de la historia, suponiendo las razones psicológicas colectivas por las cuales puede entenderse la fascinación que ejerce la noción de dicho espíritu.

Para Hegel, existía un *geist o espíritu* marcado por la subjetividad de la historia, el cual se manifiesta en la cultura de cada pueblo y cada época. Este Espíritu es intercalado en la necesidad, en la Naturaleza, en el aspecto objetivo de la realidad envolvente. Median sobre estas dos cualidades, Naturaleza y Espíritu, la Mente, el pensamiento, la lógica, creando con ello un complejo proceso cósmico, algo que separa al homo-animal que somos de su condición más ancestral para trasladarlo a una dimensión aparatosamente diferente.

Para enfrentarnos a estas ideas, veo necesario acercarnos de frente a ambas concepciones: la subjetiva y la objetiva, la que nace de lo que aquí llamaremos Espíritu y la que se manifiesta en las formas objetivas que analizamos y que Hegel llamaba Naturaleza. Si lo que Hegel llamaba Espíritu nosotros lo hemos llamado Estructura, la Naturaleza de esa Estructura es la manifestación en las formas visibles de todo su poder, es decir, las Instituciones que reglan todo el Orden establecido, ya sean estas instituciones tangibles, como la Iglesia, el Ejercito o el Estado, o intangibles, como la cultura, el tiempo, la familia o la nación.

Solo en Occidente y desde Occidente se ha creado el fenómeno de la globalización, una fenomenología que, desde su particularidad ética, pretende conciliar la tensión existente entre Naturaleza y Espíritu o, siguiendo con la filosofía pitagórica, entre lo finito y lo infinito. Si cabe, mejor podríamos decir que ha sido Occidente, mediante su espacio económico-financiero, quién ha sido capaz de asumirlo con mayor rapidez, extendiéndose progresivamente al resto del mundo.

El fenómeno objetivo de la globalización no está suscrito a ningún adjetivo, sino que tiene sentido por sí mismo. La expansión neoliberal capitalista es solo un resultado más, al igual que en su día lo fue la ciencia o las técnicas de producción modernas de ese fenómeno que todo lo invade. La globalización implica un pensamiento, una toma de conciencia en la que los elementos aislados y autosuficientes carecen de fuerza frente a ese único conjunto general al que llamamos "nosotros". La unidad psíquica de la humanidad, tal y como la entendían los ilustrados, se ha expandido a una unidad mayor no solo psíquica, sino también material y espiritual, creando lo que algunos dan por llamar

Nuevo Orden Mundial. Y ese nuevo Orden no es más que una nueva Estructura, un nuevo Orden Social, más sofisticado y escurridizo. Una versión actualizada del viejo orden mundial, caduco y obsoleto para los tiempos que corren.

Sobre la globalización material se ha escrito mucho a favor y en contra. Algunos empiezan a hablar de "glocalización" o localización para combatir este fenómeno. Los movimientos antiglobalización se multiplican sin saber muy a ciencia cierta a qué o quién se está combatiendo, convirtiendo toda lucha en un coqueteo constante con el fundamentalismo cultural; también sobre la globalización psíquica y ética, incluyendo en esta globalización el derecho internacional y los deberes del conjunto.

Sin embargo, es poco lo que se ha escrito sobre el espíritu de la globalización. Algunos autores afirman que es la cultura la que determina esa diferencia entre el homo animal y el homo racional, siendo, en último término, lo que imprime carácter al conjunto de la sociedad. Ese carácter es presumiblemente el espíritu del pueblo tal y como lo expresaba Hegel, o inclusive, el espíritu de los tiempos. Y el espíritu de los tiempos, de nuestro tiempo, viene marcado por el espíritu de la globalización, una versión actualizada y moderna de lo que antiguamente se conocía como expansionismo, colonialismo o imperialismo. Si bien no son sinónimos por sus propias naturalezas, sí responden a un mismo espíritu conquistador y colonizador político, económico, social, cultural y tecnológico. Una especie de red que se extiende rápidamente gracias a los avances tecnológicos y que afecta a todos los rincones del planeta.

Ante este espíritu globalizado nace la necesidad de una nueva visión, de un nuevo sentido, de una apuesta rebelde por un significado radicalmente diferente. Algunos se atreven a llamar a esa rebeldía como la Nueva Cultura Ética, sintetizando, en palabras de Hegel, el terreno de la cultura con el terreno de la conciencia moral. Reinvirtiendo tiempo y espacio en recuperar los valores esenciales perdidos a lo largo de todo el proceso de crionización estructural, es posible reencontrarnos con nosotros mismos.

El mismo Hegel hablaba del Señor del Mundo o la "persona abstracta" como la suma de todas las individualidades humanas. Ese Señor del Mundo vive extrañado de sí mismo, acuñando a esa extrañez la palabra cultura. La esencia de esa unidad es llamada por Hegel ética, así que no es de extrañar que de nuevo se acuñe como Nueva Cultura Ética a ese valor por recuperar y a una cultura más humana y sensible, y no tan cercada por los fundamentalismos culturales de nuevo cuño. Buscando un término mayor a este proceso de rebeldía íntima, he reflexionado en la palabra Arte, de la cual hablaré en las conclusiones.

Weber nos habla del espíritu del capitalismo y la ética protestante, pero existen matices importantes que exploraremos en cuanto a ese espíritu y esa ética, la cual, dista mucho de la Nueva Cultura Ética a la que aquí nos referimos. El factor trabajo ya no es considerado como un deber de inspiración religiosa, sino como una acción más dentro de un cúmulo mayor de expresiones, un estrato dentro de la Estructura Temporal. No es el fin en sí mismo, como vaticinaba Weber, más bien un medio para alcanzar un fin mayor. La acción, en esta nueva era globalizada, no debería repercutir únicamente en el trabajo, tal y como defendía Weber, sino en otros aspectos que vienen a complementar la esencia objetiva y subjetiva, el espíritu y la materia o naturaleza. La rebeldía debería enfrentarnos a esta nueva concepción del trabajo y del aspecto temporal de las cosas. No trabajo como fin en sí mismo, sino como medio. No trabajo para tener más o acumular más cosas. Trabajo como expresión de libertad interior, de entusiasmo a la hora de ejercer una actividad que nace de dentro hacia fuera y que pretende reconciliarnos con nuestro propósito interior. Trabajo como ofrenda a la vida y no como proyección de una esclavitud encubierta.

Siguiendo con Hegel, este hablaba de un doble mundo, el mundo del espíritu que se escinde en un mundo doble: *"el primero es el mundo de la realidad o del extrañamiento del espíritu; el segundo, empero, aquel que el espíritu, elevándose por sobre el primero, se construye en el éter de la pura conciencia"*, nos dice. La rebeldía consistiría en rastrear al segundo mediante los elementos del primero, es decir, bucear en las premisas del Arte para comprender los elementos de la expresión en el mundo de la realidad manifestada. Para Hegel, las síntesis del Espíritu subjetivo (como ser en sí) y el objetivo (ser fuera de sí o por sí) es el Espíritu Absoluto (ser en y para sí mismo), que a su vez se autodespliega en la intuición de sí mismo como Arte, en la representación de sí mismo como Religión y en el absoluto conocimiento de sí mismo como Filosofía o Ciencia. Pero en todos los casos, solo mediante un serio trabajo sobre nosotros mismos, podemos alcanzar ese absoluto primordial. Solo buceando en nuestro interior alcanzaremos la maestría suficiente para entender nuestra particular circunstancia y defenderla de las cadenas que nos oprimen y esclavizan.

CAPÍTULO 13
EL EMERGENTE PRISIONERO

"Debe recordarse que cada campo de percepción constituye dentro de sus límites una prisión, y que el objetivo de todo trabajo de liberación es liberar la conciencia y expandir su campo de contactos". (D.K.)

El filósofo italiano Paolo Virno nos decía que la mejor manera de combatir el estado presente era mediante la práctica de una retirada emprendedora, mediante el exilio, alejados de todo aquello a lo que se combate. La teoría del éxodo propone que la manera más efectiva de oponerse al Estado no es mediante la confrontación directa, sino mediante una defección en masa creando nuevas formas de comunidad. El escape y la evasión, la fuga y la huida, la deslealtad e infidelidad hacia todo aquello que participa en la destrucción diaria de nuestro ecosistema es la herramienta más efectiva y revolucionara que pueda existir. Las leyes nunca están terminadas. La vida nunca está terminada. Todo se complementa en una lucha constante que a veces deriva en una organización compleja determinada por las posiciones cotidianas de todos los elementos que participan en ella. Un bosque puede parecer un elemento perfecto. Los árboles crecen lentos, se dejan paso unos a otros para alcanzar la mayor cantidad de luz. El sotobosque revive las fuerzas y protege la vida, alimentando a cada organismo que, seducido por el nutriente, vive allí.

Pero a veces ocurre que hay un elemento perturbador. Ese elemento somos nosotros. Seres depredadores de todo tipo de riqueza, de todo aquello que antes se organizaba de forma equilibrada. Depredamos los suelos, el agua, la tierra, el aire. Depredamos los alimentos y generamos residuos. Pero, sobre todo, depredamos nuestro tiempo, más bien lo vendemos. El antropólogo Jonathan Friedman afirma que la esclavitud no es más que una versión antigua del capitalismo. Otros antropólogos como David Graeber opinan que el capitalismo moderno es más bien una versión renovada de la esclavitud. Ya no hace falta un grupo de personas que trafiquen con otro grupo de personas, nosotros nos vendemos a nosotros mismos. El sistema asalariado es el más efectivo sistema de esclavitud existente. De eso estamos tomando poco a poco consciencia, y de ahí, de esa primera toma de consciencia, surge el emergente prisionero en búsqueda de destierro, anhelando una retirada emprendedora hacia un exilio programado.

Creerse poseedor de cierta verdad o conocimiento es obviar que cada asalto a una nueva realidad entraña la entrada a una nueva cárcel conceptual. Técnica y humanamente vivimos en un mundo de prisioneros que intentan escapar de una reducida percepción hacia otra más amplia y poderosa.

Nuestra verdadera influencia en el mundo siempre es limitada, razón para pensar que nuestra mente carece de luz capaz de alimentar a más personas. ¿A cuantos somos capaces de alimentar con nuestra llamar interior? ¿A cuantos sedientos somos capaces de liberar de sus prisiones conceptuales?

Aquellos que tienen la capacidad de contemplar las formas geométricas de nuestros pensamientos y sentires ven como es soterrada sistemáticamente toda llama, toda posibilidad de luz. Y eso que vulgarmente llamamos "llama de luz", no es más que el alimento por el cual la evolución es posible.

Desde el más primitivo de los instintos animales hasta la más misteriosa orbe de astros en el cosmos están determinados por esa llama que pretende relacionarse con el otro. Y en esa relación estriba el poder y la autorrealización del individuo. La influencia que el astro Sol produce sobre nosotros es mucho más generosa y productiva que la influencia que ofrece un mosquito tigre en los valles de cualquier lugar. La responsabilidad individual de aspirar a ser un astro reluciente o un mosquito tigre determinará la voluntad que nos dirige, y con ello, el lugar de aprisionamiento en el que nos encontramos. De ahí que nuestros campos de percepción sean importantes para saber en qué lugar y momento de nuestro panóptico particular nos encontramos y en que dirección debemos dirigir nuestras fuerzas para ser positivas luces capaces de alimentar las virtudes y cualidades del ser emergente.

De ahí que nuestro campo de influencia sea una pista importante para determinar en qué momento del paralelo infinito nos encontramos. ¿A cuantos seres irradiamos con nuestra alegría, nuestra paz, nuestro entusiasmo y nuestra serenidad a lo largo del día? ¿A cuantos somos capaces de rescatar de su aprisionamiento, no liberando su mente, sino simplemente señalando tímida y humildemente algún atisbo de luz y esperanza en el camino? ¿A cuantos ayudamos a comprender los límites de la realidad profunda, y a cuantos empujamos para superarlos más allá de los abismos del miedo?

Del instinto pasamos al intelecto, del intelecto a la intuición y para algunos, el siguiente paso es conquistar la iluminación como primera puerta a un nuevo mundo de percepciones y riquezas. Así, tenemos por delante un largo y fascinante camino por recorrer como especie humana y como individuos ansiosos de los placeres de la sabiduría y la relación. Sirvamos pues en la liberación de los prisioneros y seamos los nuevos libertadores de la aspiración más pura.

Es nuestro deber si hemos comprendido que la humanidad se aproxima a un abismo sin retorno, a una autodestrucción premeditada desde nuestra ceguera e ignorancia, nuestra ambición desmedida y nuestro egoísmo congénito. Hacer de un mundo bueno un mundo mejor es nuestra responsabilidad individual y colectiva. ¿Qué vamos a arriesgar para conseguirlo? ¿Qué vamos a ofrecer al mundo, desde nuestra particular parcela de influencia, para provocar el cambio que necesitamos?

Meditemos sobre ello, estudiemos la mejor forma de alcanzar el éxito colectivo y sirvamos a la causa, al propósito interior que nos ha de llevar hacia la plenitud humana. La rebeldía, el apoyo mutuo y la cooperación serán las herramientas que nos llevarán hacia ese campo de flores y miel dorada, esa tierra pura y sincera que recorreremos irremediablemente. Una Nueva Cultura Ética nacerá plagada de valores generosos y compromisos con nosotros mismos, con nuestra civilización y con la naturaleza a la que nunca debimos dar la espalda. Seamos la fuerza emergente del cambio posible, necesario, consciente. Seamos los tejedores de la luz que ya está naciendo en nuestro interior. Seamos los tejedores del nuevo mundo.

CONCLUSIONES

Cuando reflexiono sobre el verdadero sentido de la libertad, siempre me imagino desnudo, porque es en la desnudez absoluta, despojado de todo cuanto soy y de todo cuanto han hecho de mí, cuando más libre me siento. Hay un pasaje en la vida de San Francisco de Asís que me encanta porque alude a esa desnudez. Y es cuando se quita sus ropas y desnudo canta a la alegría. Y no me refiero tan solo a la desnudez física. También a la intelectual, a la moral, a la emocional y a la vital.

Escribir, en muchos sentidos, o quizás en todos, es como desnudarse. Y es, de esa forma, en la escritura, en la palabra muda que migra en el Arte, cuando la libertad parpadea incesante en un erótico vaivén interminable. Es una forma sutil de sacudir al otro, para despertarle de su infortunio, y de paso, hacer lo mismo con nosotros mismos. Muchas veces nos preguntamos qué se siente cuando escribimos, cuando expresamos con palabras nuestro universo interior. No son fáciles las respuestas porque la cuestión no estriba en escribir o no escribir, ni siquiera, en el caso de hacerlo, en escribir bien o mal. El matiz es mucho más profundo, y suele expresarse en un umbral desconocido e inaccesible para el mero observador.

Hay algo superior a la expresión, algo que nos conmueve desde dentro, que nos posee como si fuéramos sus vasallos. Algo que algunos llaman Arte y que pertenece al reino de lo intangible y que lucha, a cual antagónico, con otra fuerza de igual magnitud, la Estructura. De esa misma forma, ser libres corresponde a una dimensión más allá de las cadenas o grilletes que nos aprisionan. Es un estado, un proceso, más que una condición. El Arte es la expresión más pura de la libertad, porque trasciende cualquier orden, cualquier espacio y cualquier tiempo.

Siendo el Arte nuestra fuerza, descubrimos, con cierto asombro y curiosidad, que no nos pertenece, solo nos utiliza para darse a conocer. Y esa es su grandeza: somos, o deseamos ser, meros instrumentos del Arte. Esa instrumentalización del nosotros, como meros vehículos de una fuerza que nos sobrepasa, ejerce su potencial dramatismo de mejor o peor forma, dependiendo de la perfección sentida en el contacto con el Arte. De ahí la reveladora diferencia entre subyugarnos a los estrictos mandamientos de la coyuntura Estructural o a los bienvenidos prefacios del Arte, del espíritu que nace de nuestro interior.

Cuando el Arte nace en nosotros crea sentimientos contrarios entre sí. Por un lado, una inmensa felicidad, un incombustible amor por todo lo creado, inclusive nosotros mismos y, por otro, una terrible carga, una oscura angustia difícil de sobrellevar, una soledad que derrama incluso tristeza. Y contra ese sentimiento de angustia, de nausea y de nada, creemos conveniente indagar en el sentimiento estético de la vida, ese que tanto abogaba Ortega y Gasset, el placer y el gozo en la vida, de la vida. Precisamente la Vida, o su sentido último, es lo que escapa a toda Estructura, y el Arte se sirve de ella para derramar en nosotros su propósito. Es por ello que en todo este escrito no he querido hablar del sentido trágico de la muerte, porque la muerte, o la conciencia de nuestra finitud, pervierte cualquier sentido de continuidad. Cuando percibimos la urgencia del vivir, desterramos para siempre el concepto finito, y entramos en un tiempo diferente, en una vivencia diferente.

Luchar contra el sentimiento trágico que provoca el Arte requiere enfrentarnos al peor de nuestros enemigos: nosotros mismos. Y, por ello, queremos sustituir los problemas del absurdo y la nada por un sentimiento universal, un ethos revoltoso que damos por llamar amor y que tiende a manifestarse en el Arte. El ser humano reivindica un nuevo espacio, un nuevo tiempo donde armonizar una concepción integral de lo humano, un nuevo orden más justo y verdadero, y eso es posible en la articulación seductora del Arte. El aliento primordial, la vida, se manifiesta en su sonido constructor, en el amor que recubre cada capa de nuestro ser.

El amor es la plenitud en todas las formas. Amar está más allá de nosotros mismos. Implica transportar nuestro yo a la individualidad de las otras cosas, y crear con ello no solo una síntesis, sino una fusión con todo aquello que nos sobrepasa lejos de nuestros límites. Amor y Arte se convierten en sinónimos cuando la seducción por ambas realidades se fusiona en una misma síntesis, en un producto mimetizado de la ansiada libertad. Amar, como se ama de verdad, es romper con las barreras del espacio, del "tuyo" y el "mío", con las barreras del tiempo, del ayer y del mañana y, sobre todo, con las imposiciones del orden, de la sombría carga de la norma.

El modelo de ser solitario, angustioso y sustancial, a muerto y debe ser sustituido, tal y como defendía Ortega, por un ser dinámico y solidario, el ser como relación, en relación no solo consigo mismo, buscando una integridad profunda, sino también con sus congéneres, con su entorno, con el cosmos, creando de forma artística y armoniosa la unidad primordial. Ese y no otro era el propósito que tanto describía Platón: el anhelo del humano es reencontrarse con la unidad perdida. La naturaleza dual de escisión y unidad pervierte el sentido y anhelo humano, la búsqueda sin límite de la totalidad. Y quien realiza esta aspiración sintética de totalidad es el Arte.

Las ciencias no pueden abarcar la totalidad de las cosas, solo puede parcelar algún fragmento de la realidad e intentar entenderla, describirla, interpretarla, pero la totalidad escapa a sus mediciones. Es el Arte el único que puede penetrar en la totalidad, porque solo el Arte puede ser expresado bajo el prisma de cualquier cosa, inclusive la ciencia, la religión, la política, la cultura, la filosofía, la economía, la educación. El Arte lo impregna todo, porque todo puede hacerse de forma artística. No es artista el que pinta cuadros, el que esculpe la piedra o el que baila al ritmo de la música. Solo es artista aquél que, actuando en esos u otros medios, comprende el anhelo esencial de la unidad, de la totalidad de todas las cosas.

El Arte alcanza su culminación en lo que Ortega llama el "sentido estético del vivir", que consiste en hacer de nuestra vida una obra de arte, en plasmar a cada instante de nuestra existencia el ideal de nuestras vidas. Esto es posible realizando un viaje extraordinario por la realidad de todas las cosas tal y como son. Es lo que Ortega denomina la "alegre aceptación de lo real", el Arte Erótica, la vida como realización continua de un ideal, el amor en su máxima expresión. Ese y no otro es nuestro camino rebelde. Ese y no otro es nuestro verdadero sentido de libertad. Penetrar en la visión profunda de las cosas tal y como son, penetrar en nosotros mismos y en los misterios que nos rodean para resolver la necesidad de ser nosotros mismos.

La verdadera revolución debe empezar por nosotros mismos, y la rebeldía ante las injusticias son el motor que deben llevar al cambio. La alquimia de la transformación debe cocerse en nuestras conciencias, en ese lugar donde reside la verdadera libertad. El plomo de la vida mundana debe dar paso al oro de nuestras aspiraciones más profundas. No existe otra rebeldía posible más que la propia. Los desatinos de la existencia ordinaria deberían servirnos como puertas para avanzar un paso más, un grado más allá de nosotros mismos. Elevar nuestra conciencia más allá de nuestros límites requiere renunciar a nuestra Estructura interna, requiere una revolución interior, requiere removernos los unos a los otros para despertar del ensueño.

EPÍLOGO
LA SATURACIÓN DE LAS FORMAS.
UN MUNDO DE SÍNTESIS

"Solo poseemos aquello que no podemos perder en un naufragio". Al-Ghazali

Tengo el privilegio de mirar a mí alrededor y ver cierta paz extraña. Las comunidades utópicas se crearon para preservar la esperanza de un mundo mejor, de una existencia mejor. Tras algunos años observando estas realidades con motivo de mi tesis doctoral, comprendo y creo sinceramente que otro mundo es posible. Solo cabe esperar que muchos, y no solo pocos, creen su propia comunidad utópica, su propio mundo mejorado, perfeccionado, liberado de todo cuanto nos sobra. Los rebeldes extremos, como el ermitaño José, el último eremita de la Montaña de los Ángeles, son un ejemplo vivo de cuanto digo. Aquí, en la comunidad de Findhorn, experimento sensaciones parecidas. Las ecoaldeas son un ejemplo de pervivencia ajena a las contradicciones propias de la Estructura, del caos producido por la producción incesante hacia el crecimiento desmedido. Solo hay que estar alertas para que la Estructura, o su espíritu, no penetren por cualquier grieta que pudiera existir. Solo hay que preservar la síntesis para alejarnos de cualquier tipo de saturación.

Y la síntesis no es más que prescindir de lo innecesario, de lo caduco, de lo que acumulamos con tal de engordar nuestro ego. Simplificar la vida sin tantos esquemas y artilugios innecesarios. Dejar de buscar en el crecimiento continuo la puerta de la felicidad. No necesitamos crecer más, solo necesitamos disfrutar de instantes, de experiencias, no de cosas.

He conocido a mucha gente llena de inquietudes en este lugar. Gente que pretende sacudirse de tanta saturación y viajar por el mundo ligeros de equipaje, pero sobre todo, llenos de espíritu y corazón. Todas las noches, mientras miraba por la ventana de la casa de hospedajes y observaba las estrellas, me interrogaba sobre los motivos por los que tantas y tantas gentes viajan a este lugar recóndito de las Highlands escocesas a la búsqueda de un nuevo y mejorado modelo de convivencia. ¿Qué cosa era esa que les impulsaba a venir?

Me fijé atentamente en Anja, observando sus silencios, sus meditaciones, su ilusión por aprender cualquier cosa que sirviera para reproducir ese modelo en su Alemania natal. ¿Qué cosa era esa que le impulsaba en su camino hacia un mundo diferente? Pero como Anja hay cientos y miles que pasan cada año sintiendo la llamada de algún cambio. ¿Qué buscan en su camino? Anja me hizo esa misma pregunta, y no supe que contestar... o quizás sí. El empacho materialista no parece tener fin. Estamos saturados de forma. Somos seres insaciables y cada vez queremos más. Pensamos que el ser no podría existir independientemente del tener. Sin embargo, el ser rebelde descubre una nueva forma de relacionarse más allá del tener, un nuevo formato que prescinde de las formas y el materialismo desbocado.

La separatividad, el malestar general, el recibir y no dar, el aceptar y no compartir, el acumular y no distribuir, creo que forman parte del quebrantamiento de una ley que aún desconocemos. ¿Cuál debe ser la pureza de nuestros móviles? Existe un espejismo con respecto a estos asuntos que desearía explorar con tranquilidad. La distribución inteligente de las formas debe alinearnos con el propósito interno de nuestro más profundo interior y hacer explotar de una vez por toda la más increíble de las revoluciones.

Pero ahora me atosiga un interrogante permisivo: ¿cómo liberarme de mi propia Estructura? Por un momento pensé que vomitando libremente lo que pensaba de ella encontraría la respuesta a mis inquietudes. Pronto llegará la primavera y deberé regresar a mi realidad, y deberé interrogarme sobre ella. ¿Me voy con José a la Montaña, al Desierto místico a la búsqueda del reino celestial? ¿Intento construir o reproducir esa utopía como lo hacen aquí en Findhorn? ¿Qué otras alternativas me quedan? Podría, siguiendo con el ejemplo de San Francisco de Asís, desnudarme de mí mismo, como ahora hago, en alegría, y compartir con el otro este atisbo de vigilia. Solo así me aseguro de que cuando vuelva a caer en la red, alguien que haya podido leer estas palabras pueda de nuevo zarandearme, sacudirme, agitarme, y recordarme aquello de volver a respirar con cierta urgencia, fuera y lejos del ensueño. Quizás, en los sueños caóticos, en la mirada sencilla, en los viajes incansables…

POSTDATA UNOS AÑOS DESPUÉS

Tras volver por segunda vez de las Tierras Altas de Escocia después de un increíble año, decidí dar el paso y atreverme, por fin, sin miedo, a lanzarme a la utopía.

Cuando terminé de escribir la primera edición de este libro abandoné Escocia y me marché a vivir al norte de Alemania. Estuve allí casi dos años intentando construir el sueño utópico en un hermoso paraje rodeado de campos y tranquilas granjas que reproducían la vida sencilla en contacto directo con la naturaleza. Pero fue casi imposible. La Estructura de nuevo entró en mí y me dejé mecer por el sueño hipnótico. Volví a la Montaña y de ahí me marché a vivir a Madrid. El glamour, la vida ilusoria se volvió a apoderar de mí de nuevo. Por dos o tres veces intenté apartarme de todo este círculo hasta que volví a reorientar de nuevo mi intención interior. Tras un viaje por el Caribe, perdí la gran casa que había construido en la Montaña de los Ángeles y viví una transformación interior, una nueva rebeldía. En el último año me marché a un retiro vipassana donde estuve diez días encerrado en un lugar increíble en silencio absoluto, meditando de sol a sol en contacto directo con la naturaleza interior y con la rebeldía que volvía a renacer. A los pocos días me marché a hacer durante casi cuarenta días el Camino de Santiago. En este mi tercer Camino la claridad fue total.

Entendí que ponerse a salvo del Sistema, de la Estructura, es ponerse a salvo de sí mismo. Sistema o Estructura no es una palabra rimbombante. Ni una entelequia más. Es nada más y nada menos que la suma de nuestras partes. Ya lo hemos dicho en este ensayo: el Sistema, la Estructura, es el alma que se alimenta del conjunto de los seres humanos. Realmente el Sistema y la Estructura que lo soporta es el producto, la suma de todas nuestras acciones, nuestras emociones y nuestros pensamientos.

Siendo así, la sospecha nunca debe recaer sobre el Sistema, sino sobre nosotros mismos. Hay en esto siempre un error de perspectiva. Tendemos a señalar al otro o a lo otro como culpables de nuestras desgracias. Lo fácil es decir que el Sistema hace aguas o que el Sistema está mal o que el Sistema es abominable, sin caer en la cuenta de nuestro grado de responsabilidad en cuanto al mismo. Somos nosotros, con nuestras acciones egoístas, nuestros pensamientos estrechos, nuestras emociones corruptas y en general, nuestra ignorancia y ceguera los que pervertimos constantemente al Sistema.

Por eso es necesario ponerse en cuarentena no tan solo del Sistema, sino también de nosotros mismos. Analizar una por una nuestras vidas y nuestras formas de relacionarnos con el otro, con lo otro. Especialmente nuestra forma de relacionarnos con el prójimo y con la Naturaleza.

Existen inteligentes pensadores y críticos eruditos que nos advierten del momento pesimista en el que nos encontramos. Aluden a la necesidad imperante de parar. Parar el egoísmo, el consumismo, la necesidad de poder por el poder, la necesidad de competir por competir. Sugieren que cambiemos nuestras formas de pensar, de entender el mundo. Que empecemos por consumir momentos de felicidad, y no cosas. Que cambiemos los objetos por las experiencias. Que en vez de cambiar el coche cada cuatro años bajemos nuestra jornada laboral para que podamos disfrutar más de nuestro tiempo. Que en vez de consumir perpetuamente cosas inútiles vayamos más al campo, disfrutemos de los amigos y empecemos a consumir instantes de experiencias únicas e irrepetibles. Cuando estemos en el atardecer de nuestras vidas nunca vamos a recordar cuantos zapatos gastamos al año o cuantos vestidos nos compramos en tal o cual fecha. Pero sí recordaremos ese viaje, ese encuentro, ese abrazo.

La educación a nuestros hijos ya no puede basarse en la competitividad, sino en el apoyo mutuo, en la cooperación. Ya no podemos inculcarles el modelo de tener cosas, las mejoras cosas, sino que debemos, responsablemente, advertirles de la necesidad de poseer mejores momentos y experiencias. La educación, la reeducación hacia un nuevo modelo salvará a las futuras generaciones del choque frontal al que estamos abocados si no somos capaces de parar esta máquina de ceguera. El Sistema colapsará tarde o temprano, o la propia Naturaleza lo hará colapsar si no somos capaces de abrirnos a una nueva forma de entender la vida.

Debemos ponernos a salvo del Sistema que hemos proyectado, y debemos empezar poniéndonos a salvo de nosotros mismos. ¿Cómo hacerlo? Debemos reemplazar la actual estructura moral, nuestros valores y prioridades. Sobre todo, debemos cambiar nuestra conducta y nuestros hábitos más arraigados, desde nuestra forma de comer hasta nuestra forma de interaccionar con el medio. Conductas y hábitos que por ser "normales" en nuestra sociedad los normalizamos en nuestras vidas ordinarias sin darnos nunca cuenta de cuan desastrosos son para nosotros mismos y para el conjunto del planeta. Tenemos mucho por hacer para cambiar el Sistema, pero sobre todo, para cambiar nosotros mismos.

Pensando en todo esto, en cambiarnos a nosotros mismos poniendo en práctica toda esta base escrita, renunciando a todo aquello que nos esclaviza, en unos meses nos marchamos a un lugar tranquilo y apartado en plena naturaleza. Reconstruiremos una casa de piedra rodeado de bosques e intentaremos emular la vida de Thoreau en Walden, creando así un lugar utópico que pretenda imitar a los recorridos en estos últimos años. Será un lugar de agitación interior, con la única pretensión de remover nuestras consciencias para poder seguir despiertos, viviendo en la vida simple, la necesaria apuesta por una vida mejor. Será un nuevo intento de crear la utopía, pero esta vez sin miedos, sin duda, con claridad y convicción.

De Camino al septentrión. Agosto de 2013.

POSTDATA II

Tras estas últimas palabras, estuve diez largos años viviendo en los bosques, primero en una pequeña caravana y más tarde, construida bajo los principios del decrecimiento y la simplicidad voluntaria, en una pequeña cabaña cerca del Camino de Santiago, en el norte de España.

La experiencia ha sido inolvidable. He podido poner en práctica todo lo aquí escrito porque de alguna manera, necesitaba disponer de una experiencia cierta y real para poder dotar de mayor fuerza todo lo aquí escrito. Diez años después, puedo decir que quizás haya encontrado cierto equilibrio, cierta necesidad de poder encontrar una armonía entre un extremo y otro. Tanto tiempo viviendo la vida salvaje ha provocado en mí una gran transformación. Siento que no suficiente, siento que no tan profunda como esperaba, pero sí cierto movimiento interior para reducir mi propia estructura, mi propia condición humana a algo más sencillo e inofensivo, algo más tranquilo y sosegado.

La utopía que creamos se llamó durante estos años Proyecto O Couso. Hay mucha documentación y algún libro que habla de este hermoso proyecto. Muchos seres pasaron por esa casa de acogida y experimentaron de forma libre la vida en los bosques, en la montaña, en comunidad. Mientras terminaba mi tesis doctoral sobre utopías y comunidades, intentaba ponerla a prueba, ponderar todo lo estudiado para intentar comprender desde dentro porqué el ser humano fracasa ante la victoria de la posibilidad. Mi conclusión final es que hay que seguir intentando todas aquellas mejoras materiales, psicológicas y espirituales que tengamos. Debemos seguir intentándolo una y otra vez, porque el único fracaso nace de dejar de intentarlo. Por eso en O Couso lo intentamos, aunque al final, por cansancio y falta de recursos decidiéramos cerrar el proyecto. Pero al menos intentamos que el ser humano pudiera sostenerse durante un tiempo en un espacio libre de estructura, limitando la convivencia tan solo a tres acuerdos de convivencia.

La síntesis, el jugo de todo, es habernos dado de bruces con la realidad ineludible. Nuestras cárceles y limitaciones son, en la mayoría de los casos, prisiones mentales. Estructuras preconcebidas que nos obligan a tener una visión limitada.

Perseverancia y coraje han sido la fuerza que nos ha guiado en estos años. Ahora, en los próximos años, retirado en un lugar tranquilo a medio camino entre las añoradas montañas y la gran ciudad, buscaré el punto de equilibrio y seguiré apostando por una rebeldía inevitable, por una agitación interior necesaria para hacer de este mundo bueno, un mundo mejor.

Sierra Oeste de Madrid, octubre de 2023.

ANEXO 1
NOUMICON

"¿Qué es el Pensamiento?

No podréis comprender la esencia misma de esta función mental sin encajarla en el todo del Cosmos, pues solo una mente supralógica es capaz de captar ese todo y esa unidad en él injertada.

Vosotros hombres atomizáis los conceptos y al querer comprender el todo o el conjunto analizáis las partes por separado desintegrando así la verdad absoluta. De ese modo jamás accederéis a ella, pues el estudio del Universo es solo posible abarcándolo en sus diez dimensiones reales y confrontándolo simultáneamente con sus infinitas dimensiones nouménicas o posibles que solo se reflejan como la luna en un estanque en los (∞ -1) cosmos que coexisten con aquel en el que estáis enmarcados. No es posible por tanto con vuestra lógica bidimensional integrar la verdad absoluta.

Solo a través de símbolos que a mentes estrechas e ignaras parecerán arbitrarias, ridículos y absurdos podréis elevaros un escalón en el acceso lejano a esta realidad.

Pero, ¿es posible captar una imagen pálida de la esencia del proceso Cósmica, inducida con el auxilio de PALABRAS – NO SÍMBOLOS - asequibles a los cerdos que solo cifran la comunicación humana en la transmisión de simples vocablos en su lengua pobre materno-paterna?

Sí; es posible, mas su enunciación es y será tan pálida como una doncella que se desvanece en las espesas brumas de una noche sin estrellas. Yo os voy a revelar esta imagen, más pura en contenido que la expresada por vuestros hombres cosmólogos, vuestros físicos, vuestros psicólogos y vuestros sociólogos y matemáticos insignes.

Escuchad. El Cosmos no es una entidad espacio temporal estática o dinámica según la conciben los filósofos terrestres. El Cosmos es: UN PROCESO que se realiza sobre sí mismo: Os lo aclararé con un símil. No es lo mismo una lámpara de aceite que la cadena de sucesos expresados por un siervo que desciende con ella en la mano a una bodega en busca de un tonel de vino generoso. Un murciélago que repose suspendido en una viga despertará sobresaltado sus pobres ojos medio ciegos solo tendrán conciencia del destello luminoso y fugaz de la lámpara. Para él: el <u>TODO</u> es ese impacto de luz, y en todo caso si poseyese un cerebro adivinaría que tras la llama puede existir una torcida impregnada de óleo. Pero jamás le será accesible el proceso de un esclavo bajando a una cueva en busca de bebida.

¿Cual es el proceso del Cosmos?, - (Diréis)

La pregunta está mal formulada y es precisamente la que pervierte vuestra falsa verdad.

No es que exista un cosmos que desarrolle un proceso, como un martillo desarrollaría el proceso de clavar una estaca. El Cosmos es ese mismo proceso. Es un clavar la estaca sin martillo. Son vuestras mentes las que fabulan al postular la existencia de ese hipotético y fantasmagórico martillo.

Así al imaginaros un Cosmos integrado por galaxias (Martillo) que se oriente hacía un fin determinado, pero desconocido (proceso) que prostituís al genuino significado de la verdad confundiendo penosamente el objeto de su propia dinámica. Mas,

¿Que es este PROCESO = COSMOS? Os lo definiré así:

Cosmos es: (UN PROCESO) = Un buscarse a sí mismo de entidades que NO SON pero que al identificarse con otras entidades no existentes tampoco adquieren un significado simbólico, que accede bajo planos estratificados a la Conciencia de unos seres vivos que también existen por identificación casual de entidades antagónicas. Observen oh hermanos cerdos de Manzano que tal definición parece un extraño trabalenguas sin sentido enunciado por una mente aberrada. Ello es consecuencia de querer forzar el enunciado de la verdad utilizando un léxico extraño, no simbólico. Mas ilustraremos la definición con símiles y ejemplos ilustrativos.

Todos ustedes poseen un concepto formado sobre la naturaleza de una Galaxia, como distribución estadística de unas estrellas que pueden clasificarse secuencialmente en una gama que se extiende desde las enanas rojas muy densas y con baja temperatura superficial, hasta las enanas blancas lo baja densidad y elevada temperatura, pasando por las gigantes rojas y todo ello mezclado con cúmulos de gas y polvo cósmico figurando una espiral de brazos difusos que se desplazan en un inmenso medio llamado campo gravitatorio-electrostático-magnético. Y al todo considerado como una entidad geométrica a efectos de concepción matemático espacial le otorgan el calificativo de Universo o Cosmos.

No importa que ustedes sustituyan el modelo matemático espacial por otro modelo físico de Campo y distribución estadística dentro de este marco. Escuchen ahora este axioma que les va a llenar de asombro, de perplejidad y a ciertas mentes cartesianas hará desatar un proceso de viva protesta. LA BARRIGA DE UNA RANA TIENE UN OMBLIGO QUE PUEDE TAPARSE CON

UN CALCETÍN DE ENCAJE SI LO DESEA ISABEL NIDO.

Este axioma ¿Es una simple broma de peor o mejor gusto? ¿Tiene algo que ver con la disquisición que desarrollábamos?

Identifiquemos una galaxia: No es una cualquiera sino la que yo sé que está identificada entre la serie conocida por los astrónomos terrestres. La NGC 5236 (Messier 83) Pueden ustedes identificarla con una ascensión recta de 13 horas 34'3 minutos y una declinación de -29 grados 37 minutos con magnitud aparente de 8'06. Se presenta a ustedes con su plano galáctico orientado respecto a una visual desde la Tierra, con un ángulo mínimo de 73° 12' 16" de modo que es posible observar su núcleo y sus brazos espirales sumergidos en una inmensa nube de polvo.

Trasladémonos ahora a una ciudad de Mongolia llamada Choibalsan. Cerca de la estación de ferrocarril existe hoy una charca ya seca que en el año 1938 contenía agua casi empantanada.

El 7 de Octubre de 1938 a las 17 horas 20 minutos (hora local de Moscú) se rompió un huevecillo de rana y nació un renacuajo que identificaremos con la cifra en código binario 100101110011.

Veamos ahora otro tercer suceso: Isabel Nido es una señora conocida por ustedes. Siendo muy niña, su hermana le ayudó una mañana a ponerse un calcetín con encaje. Ella en ese instante estaba pensando en una golondrina que había visto posarse en el balcón de una casa cercana. Mas si ese era su pensamiento consciente, su subconsciente desarrollaba otro proceso mental más complejo. Trataba de preguntarse el por qué la barriga de las ranas no tienen ombligo como la de las personas.

Falta indicar un último suceso. Isabel del Nido tiene un antepasado llamado Juan. Este: en ocasión de hallarse paseando una noche de Marzo (17 de Marzo) recibió en su cerebro una dosis elevada de radiación cósmica procedente de NGC 5236 que provocó una mutación en uno de los genes condicionantes de que fue cordón umbilical de Isabel Nido.

¿Qué relación existe entre estos tan dispares hechos?

Escuchad con atención: Antes de que Todos fueran No era nada, pero existían los NO - CONCEPTOS siguientes: La NO-GALAXIA NGC 5236: era; pero jamás hubiera un hipotético terrestre existente haberla captado. LA NO-RANA: Era El NO-CALCETIN de encaje: ERA. La imagen ilusoria puramente mental. OMBLIGO en BARRIGA de RANA no identificada: ERA. La NO-ISABEL NIDO era. El NO-ANTEPASADO DON JUAN era.

Tales entidades NO EXISTENTES- SI existentes (Observen la aparente contradicción por utilizar lógica bipolar). Se encontraron en una encrucijada fuera del espacio y del tiempo (Observen que los episodios relatados corresponden a diversas cotas en una escala de tiempos) y se fundieron entre sí. Entidades tan extrañamente diferentes entre cómo GALAXIA – OMBLIGO – RANA -ISABEL NIDO - DON JUAN - ESTANQUE - CALCETÍN - de ENCAJE. Formaron un núcleo único que llamamos nosotros NOUMICON (Es decir: NOUMENOS CÓSMICO es a la vez el NOUMENOS (La parte es a la vez el Todo). Asociándose en un todo indiferenciado. En ese instante (No nos referimos a instantes = intervalo Temporal) No existía GALAXIA - OMBLIGO – CALCETÍN - ISABEL etc. sino tan solo un NOUMICON.

Pero al fundirse: La NO - GALAXIA se convirtió en GALAXIA y la NO RANA fué RANA o dicho de otro modo. Tales entidades pudieron ser susceptibles de ser componentes diferenciados de naturaleza angular que concatenados se forman en Cosmos (átomos angulares que antes de la integración en un NOUMEN no eran accesibles y hoy lo son). Mas cada gran haz de ondas (Galaxia, Calcetín, RANA, relación OMBLIGO - RANA) está sincronizado con los otros haces dentro del mismo NOUMICON. Así, Isabel Nido como entidad espacio-temporal está sincronizada con esa Galaxia Messier 83 y cuando muera seguirá sincronizada a ella en sus átomos componentes, y a la vez la Rana 100101110011 que ya no vive sigue ligada a ella, y aquel pensamiento del ombligo materializado en ondas cerebrales está sincronizado con la galaxia, con Isabel y con el calcetín hoy ya desaparecido (como información curiosa les diré que un átomo de Nitrógeno de aquel calcetín se encuentra hoy en el intestino delgado del conocido pintor Picasso).

Una única condición existe para que distintas NO - ENTIDADES se integren en un NOUMICON: Que sean antagónicas. Ahora comprenderán mejor la definición de COSMOS (LÉASE DE NUEVO) a la que adicionaremos dos corolarios. COSMOS es la SUMA de NOUMICONES. Un solo NOUMICON es el COSMOS con exclusión de los demás".

ANEXO 2
EL EFECTO DEL SUSURRO

"¿Quieres ser una influencia positiva para el mundo?

Primero ordena tu vida.

Asiéntate en el principio único, de manera que tu conducta sea íntegra y eficaz. Si así haces, ganarás respeto y serás una influencia poderosa.

Tu conducta influyente en otros a través de la resonancia.

Si tu vida funciona, influenciarás a tu familia.

Si tu familia funciona, tu familia influenciará a la comunidad.

Si tu grupo y escuela funciona,
Influenciarás a la comunidad.

Si tu comunidad funciona,
tu comunidad influenciará al país.

Si tu país funciona, tu país influenciará al mundo.

Si tu mundo funciona, el efecto de la resonancia se repartirá por el cosmos.

Recuerda que tu influencia empieza en ti y surge de ti como una onda. Por lo tanto asegúrate de que tu influencia sea a la vez poderosa e íntegra.

¿Cómo sé que esto funciona? Todo crecimiento avanza hacia fuera desde un núcleo potente y fértil. Tú eres un núcleo".

Tao-Te-king, de Lao-Tsé

ANEXO 3
CICLO DE CHARLAS GRATUITAS

Desde tiempos inmemoriales, siempre han existido diferentes métodos y enseñanzas ocultas para despertar al Hombre del estado de ensoñación en que se encuentra. En medio de la constante mecanización del Hombre y de la aridez espiritual en que se halla el mundo actual, dichos conocimientos arcanos aún florecen en diversos puntos del planeta, muchas veces protegidos por escuelas y órdenes herméticas. En nuestra cultura, los conocemos generalmente bajo el nombre de Tradición Esotérica de Occidente. También se los llama "Religión de la Sabiduría" y "Misterios".

L.V.X. Thot ofrece una propuesta destinada a exaltar la Naturaleza Espiritual y, con la Ayuda del Fuego Divino, abandonar el limitado estado de alienación en el que nos encontramos, para poder llegar finalmente a ser más que humanos y vivir en perpetua unión con nuestro Espíritu.

Invitamos a todas aquellas personas que posean un serio interés en despertar sus capacidades ocultas y entrar en contacto con la divinidad que reside dentro de cada uno de nosotros, a participar de nuestro próximo Ciclo de Charlas Gratuitas, dictadas con el fin de brindarle una guía a todos los buscadores de la Verdad en su camino hacia el Maestro Interior, su Genio Superior, la Quinta Esencia.

ANEXO 4
LA HOGUERA

"Estaba presente en toda la vida de la tribu. En algún claro de los bosques y cerca de la mansedumbre de un río, concitando todos los gestos de la comunidad, allí estaba la hoguera, siempre encendida, central y permanente. Durante el tráfago del día podía ofrecer apariencia discreta y casi inadvertida; mas de noche brillaba en las pupilas de los ancianos, lamía los rostros dormidos de los niños como untándoles un bronce de crecimiento y fortaleza, calentaba la meditación y los sueños, daba ritmo a las voces del silencio, iluminaba la misteriosa oquedad del destino. Las llamas de la hoguera de la tribu se agitaban con suavidad y sin fin, como una voz caliente de la vida, explicando de manera dorada que la comunidad tiene un centro, una memoria y un propósito, una mirada común, una mano de todos.

La hoguera de la tribu ponía a punto los alimentos, elaboraba la nutrición de las generaciones, servía de intermediaria entre la materia y el ser. Y en la noche impenetrable y rumorosa, vastísima y antigua, se transformaba en una abrasada muralla contra el miedo: con su rosa de fuego horadaba la oscuridad, mantenía alejados los ruidos de las fieras, colaboraba con el cansancio para transformarlo en reposo. A su luz la meditación alcanzaba una vaga dimensión de universo, una cierta forma de orbe, una enigmática impresión de infinito, un emocionante temblor de dubitativa certidumbre. A su luz, pensar era poner las manos en el mundo, mientras ahí cerca se oía el ritmo confiado de los seres dormidos, en cuyos párpados se arrebujaba el estertor de un día a la espera de la infancia de la mañana.

Toda la vida de la tribu contaba con la hoguera. Junto a ella tenían su principio las ceremonias de la iniciación, junto a ella se celebraban las danzas de gratitud por las cosechas, a su lado se hacían sonar las palabras de alabanza por el nacimiento del día, a su lado se enumeraban los frutos de la agricultura, junto a ella se efectuaban las libaciones rituales, a su calor se articulaban las fiestas que marcaban ese don circular de las estaciones del tiempo. El fuego de la hoguera tenía cierto ademán de demiurgo, se emparentaba con el Sol, se lo consideraba la representación del Sol sobre la Tierra, entre estos ateridos mortales.

El fuego de la hoguera tenía virtudes que ayudaban a crecer a las mieses, y su magia acrecentaba la fecundidad y la alegría, la fuerza y la supervivencia. A su calor se desmenuzaban los pleitos, se buscaba el idioma de la justicia, se tomaban las decisiones, se repartían los bienes, se ponía nombre a los nacidos, se lloraba a los muertos. A su luz se relataban los instantes temblorosos, casi ceremoniales, de la fortuna y del coraje; a su luz la osamenta del pasado se dibujaba en forma de esqueleto de fábula. A su luz se elaboraban las mitologías, se sancionaba el abrazo del ser y el tiempo, de los hombres y de los años: a su luz la tribu se hacía historia y la historia tenía la cara de los hombres. A su luz se relataban los hechos del pasado y se prevenía el provenir, y en el relato se hilaba la memoria y se transformaba en raíz para que el porvenir no flotara desvariado, a merced de las tempestades. Y las benignas llamas de la hoguera daban calor, lentitud, reflexión y equidad a las leyes.

Los miembros de la tribu vivían el día y vivían la noche, pero la hoguera era la misma frente al Sol o en lo oscuro. Los miembros de la tribu conocían la placidez o el sobresalto, el júbilo o el miedo, pero la hoguera no desfallecía porque el esfuerzo de la tribu quería que fuese permanente. Y mantenían siempre vivo su fuego porque sabían muy bien que sin él su pasado no se agrupaba en narración y no se hacía raíz, que sin él su presente se volvería tiritante, y que sin él su porvenir sería absolutamente azaroso, nacido de la tempestad y no de la memoria y el esfuerzo común de todos los miembros de la tribu.

Así eran nuestros antepasados y así vivieron sus milenios, sus horas, sus fatigas y su felicidad. Así éramos también nosotros, así somos y así queremos ser al entrar cada mañana en nuestro porvenir. Hace solamente unos años que encendimos la hoguera, nuestra hoguera, la hoguera que nos corresponde. Le llamamos Constitución y no queremos que se apague".

"*La hoguera*", texto de Félix Grande que aparece en su libro *Elogio de la libertad*.

ANEXO 5
LA TRAGEDIA

"Los momentos más transcendentales de una vida, de mi vida, lo fue mi nacimiento y lo será mi muerte.

¡Qué curiosa paradoja!: Lo más trascendental de una vida, de mi vida, ocurre —por decir algo- en una diezmilésima de segundo de nuestro tiempo.

Pero yo, sin previa consulta, sin elección posible, ni he suplicado nacer, ni deseo morir.

Ambos momentos, totalmente involuntarios e inevitables, te los impone el Padre de los padres.

Quien me haya hecho tal jugada, tampoco me ha facilitado la sabiduría suficiente para comprenderla.

El manejo, unilateral y caprichoso de mi voluntad, y la sublime ignorancia que me ha sido impuesta, son mis grandes excusas.

Inocente, pues, antes, en, y después de la tragedia".
E. Maldonado Trigueros

ANEXO 6
CITAS Y TEXTOS

"LIBERTAD significa, propiamente, ausencia de oposición; por oposición quiero decir impedimentos externos del movimiento, y puede referirse tanto a las criaturas irracionales e inanimadas, como a las racionales. Pues cualquier cosa que esté atada o cercada de tal forma que solo pueda moverse dentro de un cierto espacio, espacio que viene determinado por la oposición de algún cuerpo externo, decimos que no tiene libertad de ir más allá. Y así, de todas las criaturas vivientes cuando están encarceladas o limitadas por muros o cadenas; y del agua cuando está contenida por presas o canales, y que de otro modo se esparciría por un espacio más amplio, decimos que no están en libertad de moverse del modo que lo harían sin esos impedimentos externos. Pero cuando lo que impide el movimiento es parte de la constitución de la cosa misma, no decimos que le falta libertad, sino el poder de moverse, como ocurre cuando una piedra permanece quieta, o un hombre se halla sujeto a su cama por causa de enfermedad.

De acuerdo con este propio y generalmente admitido significado de la palabra, un HOMBRE LIBRE es aquél que, en aquellas cosas que puede hacer en virtud de su propia fuerza e ingenio, no se ve impedido en la realización de lo que tiene voluntad de llevar a cabo".

"Leviatán", de Thomas Hobbes.

"Dicen que durante miles de años hubo oscuridad en la superficie de las aguas. Un momento después en la historia de la evolución se encendió la antorcha de la conciencia, y brilló para iluminar al mundo, alrededor de cada uno los individuos humanos. Pero la propia conciencia se vio cercada. A su alrededor se formaron arrecifes de instituciones parasitarias. Con el tiempo, la isla de la conciencia comenzó a hundirse en el mar por el peso muerto de estas instituciones (Ejército, Iglesia, Estado). Todo lo que nos quedó fue un atolón inútil coronando la roca ahogada del alma humana".
"La mirada interior", de Nicholas Humphrey.

"…a las visiones borrosas de épocas lejanas, añadíase la llamada que resonaba en el fondo de la selva, despertando en él una porción de indefinibles deseos y de extrañas situaciones. Movido por un poder más fuerte que su voluntad, salía a explorar, buscando el origen del eco que resonaba en él. Errante por el bosque, aspiraba con embriaguez el aroma de la hierba fresca y de las plantas que cubrían la tierra negra entre el humus secular, y estos olores saludables le llenaban de un júbilo inmenso, que le parecía haberlo sentido anteriormente…"
"La llamada de la selva", de Jack London.

"Liberarse es liberar lo indestructible que hay en uno mismo".
Franz Kafka

"Era libre, infinitamente, hasta el punto de no
sentir su peso sobre la tierra.
Le faltaba ese peso de las relaciones humanas
que estorba el andar,
esas lágrimas, esos adioses, esos reproches,
esas alegrías, todo lo que un hombre mima o
destroza
cada vez que esboza un gesto,
esos miles de vínculos que le atan a los demás
y le dan peso".
Antoine de Saint-Éxupery

EDITADO EN LA MONTAÑA DE LOS ÁNGELES

EQUINOCCIO DE OTOÑO 2023

∴

LOS BENEFICIOS EDITORIALES DE ESTA OBRA VAN DESTINADOS
A LA FUNDACIÓN DHARANA Y SUS PROYECTOS

WWW.DHARANA.ORG